中华人民共和国行业标准

公路隧道设计规范
第二册 交通工程与附属设施

Specifications for Design of Highway Tunnels
Section 2　Traffic Engineering and Affiliated Facilities

JTG D70/2—2014

主编单位：招商局重庆交通科研设计院有限公司
批准部门：中华人民共和国交通运输部
实施日期：2014 年 08 月 01 日

人民交通出版社股份有限公司

图书在版编目（CIP）数据

公路隧道设计规范. 第2册, 交通工程与附属设施：JTG D70/2—2014/招商局重庆交通科研设计院有限公司主编. —北京：人民交通出版社股份有限公司，2014.7
ISBN 978-7-114-11543-1

Ⅰ. ①公… Ⅱ. ①招… Ⅲ. ①公路隧道–交通设施–设计规范—中国 Ⅳ. ①U459.2-65

中国版本图书馆CIP数据核字（2014）第155299号

标准类型：中华人民共和国行业标准
标准名称：公路隧道设计规范 第二册 交通工程与附属设施
标准编号：JTG D70/2—2014
主编单位：招商局重庆交通科研设计院有限公司
责任编辑：李 农
出版发行：人民交通出版社股份有限公司
地　　址：（100011）北京市朝阳区安定门外外馆斜街3号
网　　址：http://www.ccpress.com.cn
销售电话：（010）59757973
总 经 销：人民交通出版社股份有限公司发行部
经　　销：各地新华书店
印　　刷：北京市密东印刷有限公司
开　　本：880×1230　1/16
印　　张：6
字　　数：130千
版　　次：2014年7月　第1版
印　　次：2024年6月　第7次印刷
书　　号：ISBN 978-7-114-11543-1
定　　价：50.00元

（有印刷、装订质量问题的图书，由本公司负责调换）

中华人民共和国交通运输部

公 告

第 25 号

交通运输部关于发布《公路隧道设计规范 第二册 交通工程与附属设施》的公告

现发布《公路隧道设计规范 第二册 交通工程与附属设施》(JTG D70/2—2014),作为公路工程行业标准,自 2014 年 8 月 1 日起施行。

《公路隧道设计规范 第二册 交通工程与附属设施》(JTG D70/2—2014)的管理权和解释权归交通运输部,日常解释和管理工作由主编单位招商局重庆交通科研设计院有限公司负责。

请各有关单位注意在实践中总结经验,及时将发现的问题和修改建议函告招商局重庆交通科研设计院有限公司(地址:重庆市南岸区学府大道 33 号,邮政编码:400067),以便修订时研用。

特此公告。

中华人民共和国交通运输部
2014 年 5 月 29 日

前　言

根据交通运输部办公厅〔2010〕132号文《关于下达2010年度公路工程标准制修订项目计划的通知》的要求，由招商局重庆交通科研设计院有限公司承担《公路隧道交通工程设计规范》（JTG/T D71—2004）及《公路隧道通风照明设计规范》（JTJ 026.1—1999）的修订工作。

本次修订工作坚持"安全、快捷、舒适、环保"的理念，借鉴、吸收了国内外相关标准及最新科技成果，在全面总结以往我国公路隧道交通工程与附属设施建设、使用经验的基础上，对原《公路隧道交通工程设计规范》（JTG/T D71—2004）及《公路隧道通风照明设计规范》（JTJ 026.1—1999）进行了全面修订，以《公路隧道设计规范　第二册　交通工程与附属设施》（JTG D70/2—2014）颁布实施。

修订后的《公路隧道设计规范　第二册　交通工程与附属设施》共分为14章和1个附录，分别是：1 总则、2 术语和符号、3 公路隧道交通工程与附属设施配置等级、4 交通安全设施、5 通风设施、6 照明设施、7 交通监控设施、8 紧急呼叫设施、9 火灾探测报警设施、10 消防设施与通道、11 供配电设施、12 中央控制管理系统、13 接地与防雷设施、14 线缆及相关设施、附录A 隧道标志版面。与原规范相比，本次修订的主要内容如下：

（1）调整了隧道交通工程与附属设施分级和设施配置要求。
（2）新增部分交通安全设施、监控设施设计要求。
（3）调整了部分隧道通风、照明、消防设计参数。
（4）强化了接地与防雷设计要求。

请各有关单位在执行过程中，将发现的问题和意见，函告本规范日常管理组，联系人：邹小春（地址：重庆市南岸区学府大道33号，招商局重庆交通科研设计院有限公司；邮政编码：400067；电话及传真：023-62653000；电子邮箱：zouxiaochun@cmhk.com），以便下次修订时研用。

主 编 单 位：招商局重庆交通科研设计院有限公司
参 编 单 位：浙江省交通规划设计研究院
　　　　　　　　长安大学
　　　　　　　　重庆市华驰交通科技有限公司
　　　　　　　　北京交科公路勘察设计研究院
　　　　　　　　中交第二公路勘察设计研究院有限公司

主　　　　编：姬为宇
主要参编人员：邹小春　涂　耘　雷荣富　吴德兴　许宏科
　　　　　　　邓　欣　李洪祥　周克勤　李伟平　周　健
　　　　　　　张　琦　喻小红　王一斌　孟春雷　胡彦杰

目　次

1 总则 ·· 1
2 术语和符号 ··· 2
　2.1 术语 ··· 2
　2.2 符号 ··· 2
3 公路隧道交通工程与附属设施配置等级 ·· 3
4 交通安全设施 ·· 8
　4.1 一般规定 ·· 8
　4.2 标志 ··· 8
　4.3 标线 ··· 11
　4.4 轮廓标 ··· 11
5 通风设施 ··· 13
　5.1 一般规定 ·· 13
　5.2 通风标准 ·· 13
　5.3 设计风速 ·· 14
　5.4 排烟 ··· 14
　5.5 风机 ··· 15
　5.6 通风控制 ·· 16
6 照明设施 ··· 18
　6.1 一般规定 ·· 18
　6.2 入口段照明 ·· 18
　6.3 过渡段照明 ·· 20
　6.4 中间段照明 ·· 21
　6.5 出口段照明 ·· 22
　6.6 紧急停车带和横通道照明 ··· 22
　6.7 应急照明和洞外引道照明 ··· 22
　6.8 照明控制 ·· 23
7 交通监控设施 ·· 24
　7.1 一般规定 ·· 24
　7.2 交通监测设施 ··· 24
　7.3 交通控制及诱导设施 ·· 25

8 紧急呼叫设施 ····· 28
8.1 一般规定 ····· 28
8.2 紧急电话设施 ····· 28
8.3 隧道广播设施 ····· 28

9 火灾探测报警设施 ····· 30
9.1 一般规定 ····· 30
9.2 报警区域和探测区域的划分 ····· 30
9.3 火灾探测器 ····· 30
9.4 手动报警按钮 ····· 31
9.5 火灾报警控制器 ····· 31
9.6 火灾声光警报器 ····· 32
9.7 系统供电与通信要求 ····· 32

10 消防设施与通道 ····· 33
10.1 一般规定 ····· 33
10.2 消防灭火设施 ····· 33
10.3 通道 ····· 35

11 供配电设施 ····· 37
11.1 一般规定 ····· 37
11.2 供电设施 ····· 37
11.3 配电设施 ····· 39
11.4 应急电源 ····· 39
11.5 电力监控系统 ····· 40
11.6 配变电所及发电机房 ····· 40

12 中央控制管理系统 ····· 42
12.1 一般规定 ····· 42
12.2 管理体制 ····· 42
12.3 系统功能与控制方式 ····· 42
12.4 中央控制室设施 ····· 43
12.5 中央控制管理软件 ····· 44

13 接地与防雷设施 ····· 46
13.1 一般规定 ····· 46
13.2 接地设施 ····· 46
13.3 防雷设施 ····· 47

14 线缆及相关设施 ····· 49
14.1 一般规定 ····· 49
14.2 桥架、支架、线槽 ····· 49
14.3 线缆管道 ····· 50

14.4 线缆选型及敷设	50
14.5 预留洞室	50
附录A 隧道标志版面	52
本规范用词用语说明	54
附件 《公路隧道设计规范 第二册 交通工程与附属设施》（JTG D70/2—2014）条文说明	55
3 公路隧道交通工程与附属设施配置等级	57
4 交通安全设施	59
5 通风设施	60
6 照明设施	64
7 交通监控设施	69
8 紧急呼叫设施	70
9 火灾探测报警设施	71
10 消防设施与通道	73
11 供配电设施	75
12 中央控制管理系统	79
13 接地与防雷设施	83
14 线缆及相关设施	84

1 总则

1.0.1 为统一公路隧道交通工程与附属设施设计技术标准，确定其建设规模，保障公路隧道运营安全，保证服务水平，指导工程建设，制定本规范。

1.0.2 本规范适用于各等级公路的新建和改建山岭隧道。

1.0.3 公路隧道交通工程与附属设施设计内容应包括交通安全设施、通风设施、照明设施、交通监控设施、紧急呼叫设施、火灾探测报警设施、消防设施与通道、供配电设施、中央控制管理系统、接地与防雷设施、线缆及相关设施的设计。

1.0.4 公路隧道交通工程与附属设施设计应与隧道土建工程设计、所处路段的交通工程及沿线设施设计相协调。

1.0.5 公路隧道交通工程与附属设施设计应贯彻国家的技术经济政策，做到安全实用、质量可靠、经济合理、节能环保、技术先进。

1.0.6 公路隧道交通工程与附属设施设计应积极而慎重地采用新理论、新技术、新材料、新设备。

1.0.7 公路隧道交通工程与附属设施设计除应符合本规范的规定外，尚应符合国家和行业现行有关标准的规定。

2 术语和符号

2.1 术语

2.1.1 电光标志 electric sign
内置电光源,带有一定图形、符号、文字的发光标志。

2.1.2 逆光照明 counter-beam lighting
光线逆向交通流方向投射在路面上的照明。

2.1.3 光学长隧道 optically long tunnels
距洞口一个停车视距处,在道路中心线、离地面1.5m高位置不能完全看到出口的曲线隧道。

2.1.4 区域控制单元 local controller
设置在隧道现场或隧道附属建筑内,对一定范围内的外场设备进行集中控制和管理的设备。

2.2 符号

K——烟尘设计浓度;
$L_{20}(S)$——洞外亮度;
L_{ex}——出口段亮度;
L_{in}——中间段亮度;
L_{th}——入口段亮度;
L_{tr}——过渡段亮度;
SPD——浪涌保护器,也称电涌保护器;
TH——入口照明段;
TR——过渡照明段。

3 公路隧道交通工程与附属设施配置等级

3.0.1 公路隧道交通工程与附属设施设计应符合下列规定：

1 交通安全设施、桥架、支架、线槽应按远期设计年限预测交通量进行设计。
2 通风设施、照明设施应根据预测交通量统筹设计，可分期实施。
3 交通监控设施、紧急呼叫设施、火灾探测报警设施、中央控制管理系统的设计年度取值不应低于隧道计划通车年后第 5 年。
4 消防灭火设施设计年度取值不应低于隧道计划通车年后第 10 年。
5 通道应根据隧道土建设计情况进行配置。
6 供配电设施应与其他用电设施的配置状况相适应，且应预留适当负荷容量。
7 接地与防雷设施、线缆应与其他设施的配置状况相适应。
8 应按远期设计年限预测交通量设计各类设施的预留预埋设施。

3.0.2 公路隧道交通工程与附属设施的配置等级应根据隧道单洞长度和设计年度预测隧道单洞年平均日交通量两个因素，按图 3.0.2 划分为 A+、A、B、C、D 五级。

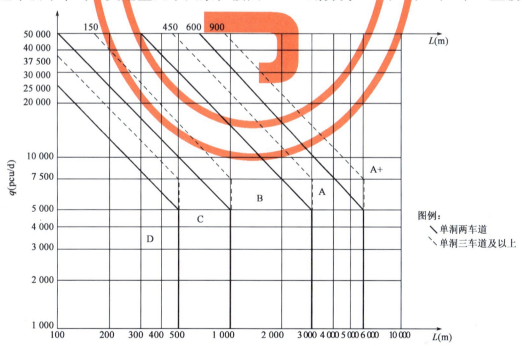

图 3.0.2 隧道交通工程与附属设施分级图
q-隧道单洞年平均日交通量（折合小客车）；L-隧道单洞长度

3.0.3 公路隧道交通工程与附属设施配置等级标准应满足表 3.0.3-1～表 3.0.3-3 的要求。

表 3.0.3-1 高速公路隧道交通工程与附属设施配置表

设施名称		各类设施分级				
		A+	A	B	C	D
交通安全设施		按第 4 章规定设置				
通风设施	风机	按第 5 章规定设置				
	能见度检测器	★	★	■	▲	—
	CO 检测器	★	★	■	▲	—
	NO_2 检测器	■	■	■	▲	—
	风速风向检测器	★	★	★	▲	—
照明设施	灯具	按第 6 章规定设置				
	亮度检测器	★	★	★	■	—
交通监控设施	车辆检测器	★	★	■	▲	—
	视频事件检测器	★	★	■	▲	—
	摄像机	●	●	★	■	—
	可变信息标志	★	★	▲	▲	—
	可变限速标志	★	★	■	▲	—
	交通信号灯	★	★	★	■	—
	车道指示器	●	●	★	★	▲
	交通区域控制单元	★	★	▲	▲	—
紧急呼叫设施	紧急电话	★	★	★	▲	—
	隧道广播	★	★	★	▲	—
火灾探测报警设施	火灾探测器	●	●	★	▲	—
	手动报警按钮	●	●	●	▲	—
	火灾声光警报器	按第 9 章规定设置				
消防设施与通道	灭火器	●	●	●	●	●
	消火栓	●	●	■	—	—
	固定式水成膜泡沫灭火装置	●	●	■	—	—
	通道	按第 10 章规定设置				
中央控制管理设施	计算机设备	★	★	★	▲	—
	显示设备	★	★	★	▲	—
	控制台	★	★	★	▲	—

续表 3.0.3-1

设 施 名 称	各 类 设 施 分 级				
	A+	A	B	C	D
供配电设施	根据以上用电设施配置情况设置				
接地与防雷设施	根据以上用电设施配置情况设置				
线缆及相关设施	根据以上各类设施配置情况设置				

注：1. "●"：必须设；"★"：应设；"■"：宜设；"▲"：可设；"—"：不作要求。
2. 采用机械通风的隧道，应按表中所列要求设置能见度检测器、CO 检测器、NO_2 检测器、风速风向检测器；不采用机械通风的隧道则不作要求。
3. 长度小于 500m 的高速公路隧道，可不设消火栓系统及固定式水成膜泡沫灭火装置。

表 3.0.3-2　一级公路隧道交通工程设施配置表

设 施 名 称		各 类 设 施 分 级				
		A+	A	B	C	D
交通安全设施		按第 4 章规定设置				
通风设施	风机	按第 5 章规定设置				
	能见度检测器	★	★	▲	—	—
	CO 检测器	★	★	▲	—	—
	NO_2 检测器	■	■	▲	—	—
	风速风向检测器	★	★	▲	—	—
照明设施	灯具	按第 6 章规定设置				
	亮度检测器	★	★	▲	—	—
交通监控设施	车辆检测器	★	■	▲	—	—
	视频事件检测器	★	★	▲	—	—
	摄像机	●	●	★	■	—
	可变信息标志	★	★	▲	—	—
	可变限速标志	★	★	▲	—	—
	交通信号灯	★	★	■	▲	—
	车道指示器	●	★	■	▲	—
	交通区域控制单元	★	★	▲	▲	—
紧急呼叫设施	紧急电话	★	★	▲	—	—
	隧道广播	★	★	▲	—	—
火灾探测报警设施	火灾探测器	★	★	■	—	—
	手动报警按钮	●	●	■	—	—
	火灾声光警报器	按第 9 章规定设置				

续表3.0.3-2

设施名称		各类设施分级				
		A+	A	B	C	D
消防设施与通道	灭火器	●	●	●	●	●
	消火栓	●	●	■	—	—
	固定式水成膜泡沫灭火装置	●	●	■	—	—
	通道	按第10章规定设置				
中央控制管理设施	计算机设备	★	★	▲	—	—
	显示设备	★	★	▲	—	—
	控制台	★	★	▲	—	—
供配电设施		根据以上用电设施配置情况设置				
接地与防雷设施		根据以上用电设施配置情况设置				
线缆及相关设施		根据以上各类设施配置情况设置				

注：1. "●"：必须设；"★"：应设；"■"：宜设；"▲"：可设；"—"：不作要求。
2. 采用机械通风的隧道，应按表中所列要求设置能见度检测器、CO检测器、NO_2检测器、风速风向检测器；不采用机械通风的隧道则不作要求。
3. 长度小于800m的一级公路隧道，可不设消火栓系统及固定式水成膜泡沫灭火装置。

表3.0.3-3　二级及二级以下公路隧道交通工程设施配置表

设施名称		各类设施分级				
		A+	A	B	C	D
交通安全设施		按第4章规定设置				
通风设施	风机	按第5章规定设置				
	能见度检测器	★	■	▲	—	—
	CO检测器	★	▲	—	—	—
	NO_2检测器	■	▲	—	—	—
	风速风向检测器	■	▲	—	—	—
照明设施	灯具	按第6章规定设置				
	亮度检测器	■	▲	—	—	—
交通监控设施	车辆检测器	■	■	▲	—	—
	视频事件检测器	■	■	■	—	—
	摄像机	★	★	■	▲	—
	可变信息标志	▲	▲	▲	—	—
	可变限速标志	▲	▲	▲	—	—
	交通信号灯	★	★	▲	—	—
	车道指示器	★	★	▲	—	—
	交通区域控制单元	■	■	▲	—	—

续表 3.0.3-3

设 施 名 称		各 类 设 施 分 级				
		A+	A	B	C	D
紧急呼叫设施	紧急电话	★	■	▲	—	—
	有线广播	■	▲	▲	—	—
火灾探测报警设施	火灾探测器	★	■	▲	—	—
	手动报警按钮	★	■	▲	—	—
	火灾声光警报器	按第9章规定设置				
消防设施与通道	灭火器	●	●	●	●	●
	消火栓	●	●	■	—	—
	固定式水成膜泡沫灭火装置	●	●	■	—	—
	通道	按第10章规定设置				
中央控制管理设施	计算机设备	■	■	▲	—	—
	显示设备	■	■	▲	—	—
	控制台	■	■	▲	—	—
供配电设施		根据以上用电设施配置情况设置				
接地与防雷设施		根据以上用电设施配置情况设置				
线缆及相关设施		根据以上各类设施配置情况设置				

注：1. "●"：必须设；"★"：应设；"■"：宜设；"▲"：可设；"—"：不作要求。
  2. 单洞单向通行时，监控设施、火灾探测与报警设施可降一级配置。
  3. 采用机械通风的隧道，应按表中所列要求设置能见度检测器、CO 检测器、NO_2 检测器、风速风向检测器；不采用机械通风的隧道则不作要求。
  4. 长度小于 1 000m 的二级及二级以下公路隧道，可不设消火栓系统及固定式水成膜泡沫灭火装置。

4 交通安全设施

4.1 一般规定

4.1.1 隧道交通安全设施的设计内容应包括交通标志、标线、轮廓标的设计。

4.1.2 交通安全设施设计应简洁明晰、视认性好，应能规范、诱导、指示车辆在隧道区域内安全行驶。

4.1.3 未设置照明的隧道应加强设置视线诱导设施。

4.1.4 交通安全设施设计应符合现行《道路交通标志和标线》（GB 5768）、《公路交通安全设施设计规范》（JTG D81）和《公路交通标志和标线设置规范》（JTG D82）的有关规定。

4.2 标志

4.2.1 隧道信息标志的设计应符合下列规定：
1　长度大于500m的隧道，宜设置隧道信息标志，版面样式与内容应符合本规范附录A的有关规定。
2　隧道信息标志宜设置在隧道入口前30～250m处。

4.2.2 隧道开车灯标志的设计应符合下列规定：
1　公路隧道应设置隧道开车灯标志。
2　隧道开车灯标志宜设置在隧道入口前30～250m处。
3　设置有隧道信息标志的，隧道开车灯标志与隧道信息标志宜合并设置。

4.2.3 隧道限高标志、限宽标志的设计应符合下列规定：
1　公路隧道可根据路网总体交通组织情况，设置隧道限高标志及限宽标志。
2　限高标志及限宽标志宜设置在隧道洞口联络通道前50～150m处；无联络通道时，宜设置在隧道入口前150m左右。

4.2.4 限速标志的设计应符合下列规定：

1 公路隧道宜设置限速标志，限速值可根据隧道行车条件及路网总体交通组织情况确定。

2 限速标志宜设置在隧道入口前100～200m处，可与隧道限高标志同处设置。

4.2.5 紧急电话指示标志的设计应符合下列规定：

1 设有紧急电话设施的公路隧道内应设置紧急电话指示标志。

2 紧急电话指示标志应设置于紧急电话上方，底部与检修道高差宜为2.5m。

3 标志版面尺寸宜为25cm×40cm，可根据隧道设计净空调整。

4 洞内紧急电话指示标志宜采用电光标志，照明方式宜为内部照明，双面显示。

4.2.6 消防设备指示标志的设计应符合下列规定：

1 公路隧道内应设置消防设备指示标志，版面样式与内容应符合本规范附录A的有关规定。

2 消防设备指示标志应设置于消防设备箱上方，底部与检修道高差宜为2.5m。

3 标志版面尺寸宜为25cm×40cm，可根据隧道设计净空调整。

4 消防设备指示标志宜采用电光标志，照明方式宜为内部照明，双面显示。

4.2.7 人行横通道指示标志的设计应符合下列规定：

1 设有人行横通道的公路隧道应设置人行横通道指示标志，版面样式与内容应符合本规范附录A的有关规定。

2 人行横通道指示标志应设置于人行横通道顶部，底部与检修道高差宜为2.5m。

3 标志版面尺寸宜为50cm×80cm，可根据隧道设计净空调整。

4 人行横通道指示标志宜采用电光标志，照明方式宜为内部照明，双面显示。

4.2.8 车行横通道指示标志的设计应符合下列规定：

1 设有车行横通道的公路隧道应设置车行横通道指示标志，版面样式与内容应符合本规范附录A的有关规定。

2 车行横通道指示标志应设置于车行横通道洞口右侧处，底部与检修道高差不应小于2.5m。

3 标志版面尺寸宜为50cm×80cm，可根据隧道设计净空调整。

4 车行横通道指示标志宜采用电光标志，照明方式宜为内部照明，双面显示。

4.2.9 疏散指示标志的设计应符合下列规定：

1 长度大于500m的公路隧道内应设置疏散指示标志，版面样式与内容应符合本规范附录A的有关规定。

2　疏散指示标志应设置于隧道两侧墙上，底部与检修道高差不应大于1.3m，间距不应大于50m。

3　标志版面尺寸宜为75cm×25cm，可根据隧道设计净空调整。

4　疏散指示标志宜采用电光标志，照明方式宜为内部照明，单面显示。

4.2.10　隧道出口距离预告标志的设计应符合下列规定：

1　特长隧道内应设置隧道出口距离预告标志，版面样式与内容应符合本规范附录A的有关规定。

2　隧道出口距离预告标志宜设置在隧道紧急停车带迎车方向端部壁上，底部与路面边缘高差宜为1.5m。

3　隧道出口距离预告标志宜采用反光标志。

4.2.11　紧急停车带标志的设计应符合下列规定：

1　设有紧急停车带的公路隧道内应设置紧急停车带标志。

2　紧急停车带标志应设置于紧急停车带入口前5m左右，底部与路面边缘高差不应小于2.5m。

3　标志版面尺寸宜为50cm×80cm，可根据隧道设计净空调整。

4　紧急停车带标志宜采用电光标志，照明方式宜为内部照明，双面显示。

4.2.12　紧急停车带位置提示标志的设计应符合下列规定：

1　公路隧道内紧急停车带处应设置紧急停车带位置提示标志，版面样式与内容应符合本规范附录A的有关规定。

2　紧急停车带位置提示标志宜设置在紧急停车带侧壁上，标志底部与检修道高差宜为1.0m。

3　紧急停车带位置提示标志宜采用反光标志。

4.2.13　公告信息标志的设计应符合下列规定：

1　公路隧道内宜设置公告信息标志。

2　公告信息标志宜设置在隧道紧急停车带侧壁中部，标志竖向中心点与检修道高差宜为1.7m。

3　公告信息标志可采用电光标志或反光标志。

4.2.14　指路标志的设计应符合下列规定：

1　当隧道出口与前方的高速公路出口之间的距离较短时，可在隧道内设置指路标志。

2　隧道内指路标志可设置在隧道紧急停车带迎车面的端部或隧道顶部。

3　隧道内指路标志宜采用反光标志。

4.2.15 线形诱导标的设计应符合下列规定：

1 平曲线半径小于一般最小半径的曲线隧道，应设置线形诱导标。

2 线形诱导标应设于隧道侧壁，设置间距可为1/3停车视距，并应保证驾驶员在曲线范围内能同时看到不少于3块线形诱导标。诱导标底部与路面边缘高差应为1.2~1.5m。

4.2.16 电光标志应满足以下技术要求：

1 电光标志防护等级不应低于IP65。

2 疏散指示标志的表面最小亮度不应小于$5cd/m^2$，最大亮度不应大于$300cd/m^2$，白色、绿色本身最大亮度与最小亮度比值不应大于10；白色与相邻绿色交界两边对应点的亮度比不应小于5且不应大于15。

3 除疏散指示标志外的电光标志，其白色部分最小亮度不应小于$150cd/m^2$，最大亮度不应大于$300cd/m^2$，亮度均匀度不应小于70%。

4.3 标线

4.3.1 标线的设计应符合下列规定：

1 隧道内的车行道边缘线、车行道分界线可采用振荡标线。

2 单洞双向交通隧道的车行道分界线宜采用振荡标线。

3 隧道内禁止跨越同向车行道分界线，在入口端应向洞外延伸150m，在出口端应向洞外延伸100m。

4 设置交通信号灯的隧道，入口前应设置停止线。

5 洞口联络通道应进行渠化。

6 标线涂料宜采用热熔型反光涂料。

4.3.2 突起路标的设计应符合下列规定：

1 隧道的车行道分界线上宜设置突起路标。

2 隧道的车行道边缘线上可设置突起路标。

4.3.3 立面标记的设计应符合下列规定：

1 宜在隧道洞门、洞内紧急停车带的迎车面端部设置立面标记。

2 立面标记应从检修道顶面开始，涂至2.5m高度。

4.4 轮廓标

4.4.1 隧道内应设置双向轮廓标。

4.4.2 轮廓标应同时设置于隧道侧壁和检修道边缘。

4.4.3 轮廓标的设置间距宜为 6～15m，宜与突起路标设置于相同横断面。设置在隧道侧壁上的轮廓标，安装中心位置与路面边缘高差宜为 70cm。

4.4.4 在隧道进、出口段 200～300m 范围内，可设置主动发光型轮廓标。

5 通风设施

5.1 一般规定

5.1.1 公路隧道通风应主要对烟尘、一氧化碳和空气中的异味进行稀释。

5.1.2 公路隧道通风设计时应根据公路等级、隧道长度、设计速度、设计交通量、车道数、平纵线形、地形地质、隧道海拔高程、隧址区域自然条件等因素,进行技术经济综合分析,确定合理的通风方案。

5.1.3 公路隧道通风设计应分别针对正常交通工况和火灾、交通阻滞等异常交通工况进行系统设计,并应提出相应的通风设施运行方案。

5.2 通风标准

5.2.1 CO 设计浓度应满足下列要求:

1 正常交通时,CO 设计浓度可按表 5.2.1 取值。

表 5.2.1 CO 设计浓度 δ_{CO}

隧道长度 (m)	≤1 000	>3 000
δ_{CO} (cm³/m³)	150	100

注:隧道长度为 1 000m<L≤3 000m 时,可按线性内插法取值。

2 交通阻滞时,阻滞段的平均 CO 设计浓度可取 150cm³/m³,同时经历时间不宜超过 20min。长度大于 1 000m 的隧道,阻滞段宜按每车道长度为 1 000m 计算;长度不大于 1 000m 的隧道可不考虑交通阻滞。

3 人车混合通行的隧道,洞内 CO 设计浓度不应大于 70cm³/m³。

5.2.2 隧道内烟尘设计浓度应满足下列要求:

1 采用显色指数 33≤Ra≤60、相关色温 2 000~3 000K 的钠光源时,烟尘设计浓度 K 应按表 5.2.2-1 取值。

表 5.2.2-1 烟尘设计浓度 K

设计速度 v_t (km/h)	≥90	60≤v_t<90	50≤v_t<60	30<v_t<50	10≤v_t≤30
烟尘设计浓度 K (m⁻¹)	0.006 5	0.007 0	0.007 5	0.009 0	0.012 0

2　采用显色指数 Ra≥65、相关色温 3 300～6 000K 的荧光灯、LED 灯等光源时，烟尘设计浓度 K 应按表 5.2.2-2 取值。

表 5.2.2-2　烟尘设计浓度 K

设计速度 v_t（km/h）	≥90	60≤v_t<90	50≤v_t<60	30<v_t<50	10≤v_t≤30
烟尘设计浓度 K（m^{-1}）	0.005 0	0.006 5	0.007 0	0.007 5	0.012 0

5.2.3　隧道空间最小换气频率不应低于 3 次/h。

5.3　设计风速

5.3.1　单向交通隧道的设计风速不宜大于 10m/s，特殊情况不应大于 12m/s；双向交通隧道的设计风速不应大于 8m/s；行人与车辆混合通行的隧道设计风速不应大于 7m/s。

5.3.2　公路隧道通风系统的排风口设计风速不宜大于 8m/s；排烟口设计风速不宜大于 10m/s；纵向式通风的顶部送风口设计风速宜取 25～30m/s，送风方向应与隧道轴向一致。

5.3.3　排烟道内的设计风速不宜大于 15m/s。

5.4　排烟

5.4.1　公路隧道排烟设计应符合下列规定：
1　长度 L＞1 000m 的高速公路和一级公路隧道，长度 L＞2 000m 的二、三、四级公路隧道应设置机械排烟系统。
2　隧道排烟宜按一座隧道全线同一时间内发生 1 次火灾设计。
3　隧道火灾排烟系统宜与日常运营通风系统合用。

5.4.2　公路隧道火灾最大热释放率应按表 5.4.2 取值。

表 5.4.2　隧道火灾最大热释放率取值（MW）

通行方式	隧道长度 L	公路等级		
		高速公路	一级公路	二级、三级、四级公路
单向交通	L＞5 000m	30	30	—
	1 000m＜L≤5 000m	20	20	—
双向交通	L＞2 000m	—	—	20

注：运煤专用通道、客车专用通道等特殊隧道火灾最大热释放率取值宜根据实际条件具体确定。

5.4.3 采用纵向排烟的公路隧道，排烟风速宜按表5.4.3所列火灾临界风速取值。

表5.4.3　火灾临界风速

火灾规模（MW）	20	30
火灾临界风速（m/s）	2.0~3.0	3.0~4.0

5.4.4 采用纵向排烟的单洞双向交通隧道，排烟设计的火灾烟雾最大行程在隧道内不宜大于3 000m；采用纵向排烟的单向交通隧道，排烟设计的火灾烟雾最大行程在隧道内不宜大于5 000m。

5.4.5 采用排烟道集中排烟的公路隧道，排烟设计应符合下列规定：
  1　隧道内纵向设计风速不宜大于2.0m/s。
  2　排烟分区可按隧道长度划分，且每个排烟分区的长度不应大于1 000m。

5.4.6 横通道可不设置专用排烟设施。

5.4.7 单向交通隧道火点下游的横通道防火门应保持关闭状态。

5.4.8 隧道专用疏散通道、隧道附属建筑等排烟设计应满足相关规范的要求。

5.5　风机

5.5.1 射流风机应具消声装置；电机防护等级不应低于IP55，绝缘等级不应低于F级。

5.5.2 支撑射流风机的结构承载能力应不小于风机实际静荷载的15倍，风机安装前应做支撑结构的载荷试验。

5.5.3 火灾排烟轴流风机的电机防护等级不应低于IP55，绝缘等级不应低于F级；其他轴流风机的绝缘等级不应低于H级。

5.5.4 轴流风机宜并联设置，且风机型号和性能参数应相同。

5.5.5 隧道排烟风机在250℃环境条件下连续正常运行时间不应小于60min；排烟风机消声器应在250℃的烟气中保持性能稳定。

5.6 通风控制

5.6.1 设置机械运营通风系统的隧道，应设置运营通风控制设施，并应根据通风方式、工况要求，合理确定通风控制方案。

5.6.2 通风环境检测设施设置的数量不宜低于表5.6.2的要求。

表5.6.2 通风环境检测设施配置数量表（每一个通风分段）

通风方式	CO检测器（套）	能见度检测器（套）	风速风向检测器（套）	NO_2检测器（套）
纵向通风	1	2	1	2
全横向通风	1	1	1	1
半横向通风	1	2	1	1

5.6.3 通风环境检测设施的设置位置应按下列原则确定：
1 能见度、CO、NO_2检测器宜设置在隧道侧壁。
2 采用全射流方式时，通风环境检测设施宜设置在两组风机的纵向中间部位。
3 风速风向检测器的设置位置离洞口的距离不应小于隧道断面当量直径的10倍。

5.6.4 通风环境检测设施应能满足洞内外长期工作的需要。测量范围和精度不应低于表5.6.4的技术要求。

表5.6.4 通风环境检测设施技术要求

设 备	测量范围	最大允许误差
能见度检测器	25～1 000m	±10%示值
CO检测器	0～250cm^3/m^3	±2cm^3/m^3
风速风向检测器	0～30m/s	±0.2m/s
NO_2检测器	0～10cm^3/m^3	±5%示值

5.6.5 采用机械通风的隧道风机均应具备手动控制功能。

5.6.6 自动控制可采用下列三种控制方法之一或组合：
1 检测隧道内的能见度、NO_2浓度、CO浓度和风速风向，控制风机运转。
2 根据检测的交通量数据，实时了解隧道内交通量、行车速度、车辆构成等，通过交通流状况分析并计算出车辆排放量，控制风机运转。
3 按时间区间预先编制程序控制风机运转。

5.6.7 通风控制应满足下列要求：
1 电机不应频繁启闭造成喘振。
2 风机控制周期不宜小于10min。
3 应首先启动累计运行时间最短的风机。
4 每台风机应间隔启动，启动时间间隔不宜小于30s。

5.6.8 通风区域控制单元应具有环境数据检测处理、控制风机运转、运转状态检测、记录、故障自诊断功能。

6 照明设施

6.1 一般规定

6.1.1 公路隧道照明设施的设计应包含入口段照明、过渡段照明、中间段照明、出口段照明、紧急停车带和横通道照明、应急照明和洞外引道照明、照明控制的设计。

6.1.2 公路隧道照明设计应满足路面平均亮度、路面亮度总均匀度、路面中线亮度纵向均匀度、闪烁和诱导性要求。

6.1.3 公路隧道入口段、过渡段、出口段照明应由基本照明和加强照明组成；基本照明应与中间段照明一致。

6.1.4 各等级公路隧道照明设置条件应符合下列要求：
1 长度 $L>200\text{m}$ 的高速公路隧道、一级公路隧道应设置照明。
2 长度 $100\text{m}<L\leqslant 200\text{m}$ 的高速公路光学长隧道、一级公路光学长隧道应设置照明。
3 长度 $L>1\,000\text{m}$ 的二级公路隧道应设置照明；长度 $500\text{m}<L\leqslant 1\,000\text{m}$ 的二级公路隧道宜设置照明；三级、四级公路隧道应根据实际情况确定。
4 有人行需求的隧道，应根据隧道长度和环境条件设置满足行人通行需求的照明设施。

6.1.5 公路隧道照明设计应根据交通量变化、洞外亮度变化、季节更替等多种工况制订调光及运营管理方案。

6.2 入口段照明

6.2.1 入口段宜划分为 TH_1、TH_2 两个照明段，与之对应的亮度应分别按式（6.2.1-1）及式（6.2.1-2）计算：

$$L_{th1} = k \times L_{20}(S) \tag{6.2.1-1}$$

$$L_{th2} = 0.5 \times k \times L_{20}(S) \tag{6.2.1-2}$$

式中：L_{th1}——入口段 TH_1 的亮度（cd/m^2）；

　　　L_{th2}——入口段 TH_2 的亮度（cd/m^2）；

　　　k——入口段亮度折减系数，可按表 6.2.1-1 取值；

　　　$L_{20}(S)$——洞外亮度（cd/m^2），如无实测资料可按表 6.2.1-2 取值。

表 6.2.1-1　入口段亮度折减系数 k

设计交通量 N [veh/(h·ln)]		设计速度 v_t（km/h）				
单向交通	双向交通	20~40	60	80	100	120
≥1 200	≥650	0.012	0.022	0.035	0.045	0.070
≤350	≤180	0.010	0.015	0.025	0.035	0.050

注：当交通量为其中间值时，按线性内插取值。

表 6.2.1-2　洞外亮度 $L_{20}(S)$（cd/m^2）

天空面积百分比（%）	洞口朝向或洞外环境	设计速度 v_t（km/h）				
		20~40	60	80	100	120
35~50	南洞口	—	—	4 000	4 500	5 000
	北洞口	—	—	5 500	6 000	6 500
25	南洞口	3 000	3 500	4 000	4 500	5 000
	北洞口	3 500	4 000	5 000	5 500	6 000
10	暗环境	2 000	2 500	3 000	3 500	4 000
	亮环境	3 000	3 500	4 000	4 500	5 000
0	暗环境	1 500	2 000	2 500	3 000	3 500
	亮环境	2 000	2 500	3 000	3 500	4 000

注：1. 天空面积百分比指 20°视场中天空面积百分比。
　　2. 南洞口指北行车辆驶入的洞口，北洞口指南行车辆驶入的洞口。
　　3. 东洞口与西洞口取用南洞口与北洞口之中间值。
　　4. 暗环境指洞外景物（包括洞门建筑）反射率低的环境；亮环境指洞外景物（包括洞门建筑）反射率高的环境。
　　5. 当天空面积百分比处于表中两档之间时，按线性内插取值。

6.2.2　入口段 TH_1、TH_2 长度应按式（6.2.2）计算：

$$D_{th1} = D_{th2} = \frac{1}{2}\left(1.154 D_s - \frac{h-1.5}{\tan 10°}\right) \quad (6.2.2)$$

式中：D_{th1}——入口段 TH_1 长度（m）；

　　　D_{th2}——入口段 TH_2 长度（m）；

　　　D_s——照明停车视距（m）；

　　　h——隧道内净空高度（m）。

6.2.3　长度 $L>500m$ 的非光学长隧道及长度 $L>300m$ 的光学长隧道，入口段 TH_1、TH_2 的亮度应分别按式（6.2.1-1）及式（6.2.1-2）计算。

6.2.4 长度 300m＜L≤500m 的非光学长隧道及长度 100m＜L≤300m 的光学长隧道，入口段 TH_1、TH_2 的亮度宜分别按式（6.2.1-1）和式（6.2.1-2）计算值的 50% 取值。

6.2.5 长度 200m＜L≤300m 的非光学长隧道，入口段 TH_1、TH_2 的亮度宜分别按式（6.2.1-1）和式（6.2.1-2）计算值的 20% 取值。

6.2.6 当两座隧道间的行驶时间按设计速度计算小于 15s，且通过前一座隧道的行驶时间大于 30s 时，后续隧道入口段亮度应进行折减，亮度折减率可按表 6.2.6 取值。

表 6.2.6 后续隧道入口段亮度折减率

两隧道之间行驶时间 t（s）	$t<2$	$2≤t<5$	$5≤t<10$	$10≤t<15$
后续隧道入口段亮度折减率（%）	50	30	25	20

6.3 过渡段照明

6.3.1 过渡段宜划分为 TR_1、TR_2、TR_3 三个照明段，与之对应的亮度应按式（6.3.1-1）～式（6.3.1-3）计算：

$$L_{tr1} = 0.15 \times L_{th1} \quad (6.3.1\text{-}1)$$

$$L_{tr2} = 0.05 \times L_{th1} \quad (6.3.1\text{-}2)$$

$$L_{tr3} = 0.02 \times L_{th1} \quad (6.3.1\text{-}3)$$

6.3.2 长度 L≤300m 的隧道，可不设置过渡段加强照明；长度 300m＜L≤500m 的隧道，当在过渡段 TR_1 能完全看到隧道出口时，可不设置过渡段 TR_2、TR_3 加强照明；当 TR_3 的亮度 L_{tr3} 不大于中间段亮度 L_{in} 的 2 倍时，可不设置过渡段 TR_3 加强照明。

6.3.3 过渡段长度计算应符合下列规定：

1 过渡段 TR_1 长度应按式（6.3.3-1）计算：

$$D_{tr1} = \frac{D_{th1} + D_{th2}}{3} + \frac{v_t}{1.8} \quad (6.3.3\text{-}1)$$

式中：D_{tr1}——过渡段 TR_1 长度（m）；

v_t——设计速度（km/h）；

$v_t/1.8$——2s 内的行驶距离。

2 过渡段 TR_2 长度应按式（6.3.3-2）计算：

$$D_{tr2} = \frac{2v_t}{1.8} \quad (6.3.3\text{-}2)$$

式中：D_{tr2}——过渡段 TR_2 长度（m）。

3 过渡段 TR_3 长度应按式（6.3.3-3）计算：

$$D_{tr3} = \frac{3v_t}{1.8} \tag{6.3.3-3}$$

式中：D_{tr3}——过渡段 TR_3 长度（m）。

6.4 中间段照明

6.4.1 中间段亮度宜按表6.4.1取值。

表6.4.1 中间段亮度 L_{in}（cd/m²）

设计速度 v_t (km/h)	L_{in}		
	单 向 交 通		
	$N \geq 1200$veh/(h·ln)	350veh/(h·ln)＜N＜1200veh/(h·ln)	$N \leq 350$veh/(h·ln)
	双 向 交 通		
	$N \geq 650$veh/(h·ln)	180veh/(h·ln)＜N＜650veh/(h·ln)	$N \leq 180$veh/(h·ln)
120	10.0	6.0	4.5
100	6.5	4.5	3.0
80	3.5	2.5	1.5
60	2.0	1.5	1.0
40	1.0	1.0	1.0

注：1. 当LED光源（显色指数Ra≥65，色温介于3300～6000K）用于隧道中间段照明时，设计亮度可按表6.4.1所列亮度标准的50%取值，但不应低于1.0cd/m²。
2. 当单端无极荧光灯（显色指数Ra≥65，色温介于3300～6000K）用于隧道中间段照明时，设计亮度可按表6.4.1所列亮度标准的80%取值，但不应低于1.0cd/m²。
3. 当中间段采用逆光照明方式时，设计亮度可按表6.4.1所列亮度标准的80%取值，但不应低于1.0cd/m²。
4. 当设计速度为100km/h时，中间段亮度可按80km/h对应亮度取值。
5. 当设计速度为120km/h时，中间段亮度可按100km/h对应亮度取值。

6.4.2 行人与车辆混合通行的隧道，中间段亮度不应小于2.0cd/m²。

6.4.3 单向交通且以设计速度通过隧道的行车时间超过135s时，隧道中间段宜分为两个照明段，与之对应的长度及亮度取值不应低于表6.4.3要求。

表6.4.3 中间段各照明段长度及亮度取值

项 目	长度（m）	亮度（cd/m²）	适 用 条 件
中间段第一照明段	设计速度下30s行车距离	L_{in}	
中间段第二照明段	余下的中间段长度	$L_{in} \times 80\%$，且不低于1.0cd/m²	—
		$L_{in} \times 50\%$，且不低于1.0cd/m²	采用连续光带布灯方式，或隧道壁面反射系数不小于0.7时

6.4.4 中间段照明灯具布置应符合下列规定：

1 当隧道内行车时间超过20s时，照明灯具布置间距应满足闪烁频率低于2.5Hz或高于15Hz的要求。

2 路面亮度总均匀度不应低于表6.4.4-1所示值。

表6.4.4-1 路面亮度总均匀度 U_0

设计交通量 N [veh/(h·ln)]		U_0
单向交通	双向交通	
≥1 200	≥650	0.4
≤350	≤180	0.3

注：当交通量为其中间值时，按线性内插取值。

3 路面中线亮度纵向均匀度不应低于表6.4.4-2所示值。

表6.4.4-2 路面中线亮度纵向均匀度 U_l

设计交通量 N [veh/(h·ln)]		U_l
单向交通	双向交通	
≥1 200	≥650	0.6
≤350	≤180	0.5

注：当交通量为其中间值时，按线性内插取值。

6.5 出口段照明

6.5.1 出口段宜划分为 EX_1、EX_2 两个照明段，每段长度宜取30m，与之对应的亮度应按式（6.5.1-1）、式（6.5.1-2）计算：

$$L_{ex1} = 3 \times L_{in} \quad (6.5.1\text{-}1)$$
$$L_{ex2} = 5 \times L_{in} \quad (6.5.1\text{-}2)$$

6.5.2 长度 $L \leq 300\text{m}$ 的直线隧道可不设置出口段加强照明；长度 $300\text{m} < L \leq 500\text{m}$ 的直线隧道可仅设置 EX_2 出口段加强照明。

6.6 紧急停车带和横通道照明

6.6.1 紧急停车带照明宜采用显色指数高的光源，其亮度不应低于 4.0cd/m^2。

6.6.2 横通道亮度不应低于 1.0cd/m^2。

6.7 应急照明和洞外引道照明

6.7.1 长度 $L > 500\text{m}$ 的高速公路隧道应设置应急照明系统，长度 $L > 1\,000\text{m}$ 的一级、

二级公路隧道应设置应急照明系统，照明中断时间不应超过 0.3s。三级、四级公路隧道应根据实际情况确定。

6.7.2　应急照明亮度不应小于表 6.4.1 所列中间段亮度的 10%，且不应低于 0.2cd/m²。

6.7.3　以下路段可设置洞外引道照明：
　1　隧道外引道曲线半径小于一般值的路段；
　2　隧道设夜间照明且处于无照明路段的洞外引道；
　3　隧道与桥梁相连接处。

6.8　照明控制

6.8.1　照明控制应具备手动控制功能，宜采用自动控制为主、手动控制为辅的控制方式。

6.8.2　横通道、紧急停车带的照明控制应符合下列规定：
　1　车行横通道和紧急停车带的照明宜具备远程控制和现场手动控制功能。
　2　人行横通道照明应具备感应控制装置或与门联动控制的装置。
　3　车行横通道照明应与横通道门实现联动。

6.8.3　亮度检测器的设置应符合下列规定：
　1　洞外亮度检测器宜设置在离洞口一个停车视距位置处，高度宜为 2.5m，检测器探头方向应指向洞口中心。
　2　洞内亮度检测器宜设置在洞内离洞门一倍隧道净高的侧壁上，检测器探头方向应指向行车前进方向且离检测器一个停车视距位置路面中心处，检测器安装高度宜为 2.5m。

6.8.4　亮度检测器应能满足洞内外长期工作条件，且应符合下列规定：
　1　亮度检测器探头镜头立体视角应为 20°。
　2　洞外型亮度检测器测量范围应为 1～7 000cd/m²，最大允许误差应为 ±5% 示值；洞内型亮度检测器测量范围应为 1～500cd/m²，最大允许误差应为 ±5% 示值。
　3　亮度检测器的防护等级不应低于 IP65。
　4　洞外型检测器宜配备带雨刷的防护罩。

6.8.5　照明区域控制单元应满足下列技术要求：
　1　应采用模块化结构，具有良好的扩展性。
　2　应具有现场照明工况手动控制和编程控制功能。
　3　当设置了亮度检测器时，照明区域控制单元还应具备亮度数据采集处理的功能。
　4　应具有故障自诊断功能。

7 交通监控设施

7.1 一般规定

7.1.1 交通监控设施设计内容应包括交通监测设施、交通控制及诱导设施的设计。

7.1.2 交通监控设施应使管理者能及时掌握交通信息,有效地管理交通。

7.2 交通监测设施

7.2.1 交通监测设施应具备检测隧道内交通信息、车辆运行状况,监视隧道交通运营状态的功能。

7.2.2 应根据控制管理对数据采集的要求、制订交通控制方案的需要,确定车辆检测器设置位置和数量。在隧道出入口处设置时,应满足下列要求:
1 在隧道入口前设置车辆检测器时,宜设置在联络通道前 200~300m 处;无联络通道时,宜设置在隧道入口前 200~300m 处。
2 在隧道出口后设置车辆检测器时,宜设置在出口后 200~300m 处。

7.2.3 车辆检测器应具有下列功能:
1 检测每一车道的交通量和速度等基本交通参数。
2 能检测出行车方向。
3 能检测出二轮摩托车及以上的所有类型的机动车,拖挂车检测为一辆车。

7.2.4 视频事件检测器的设计应符合下列规定:
1 视频事件检测器宜设置在洞口、紧急停车带、横通道等区域。
2 视频事件检测器应能检测下列事件:停车、交通堵塞、车辆行驶速度低于允许最低行驶速度、行人、车辆逆行、火灾、车辆掉物、车辆抛物。

7.2.5 摄像机的设置应符合下列规定:
1 摄像机应设置于隧道内、隧道外及隧道附属管理建筑处。
2 摄像机宜设置于隧道内紧急停车带、车行横通道、人行横通道处。

3 隧道外摄像机应设在距隧道口 100~400m 处，应能清楚地监视洞口区域的全貌和交通状况。

4 隧道内摄像机直线段设置间距不应大于 150m，曲线段设置间距可根据实际情况适当减小，应能全程连续监视隧道内车辆运行情况和报警救援设施使用状况。

7.2.6 摄像机应满足下列技术要求：

1 隧道外摄像机应为配有光圈自动调节、变焦镜头、云台、全天候防护罩的低照度 CCD 彩色遥控摄像机。

2 未设置隧道外引导照明的隧道，隧道外摄像机宜配置夜间补偿辅助光源。

3 隧道内摄像机应为配置有自动光圈、定焦距和防护罩的低照度摄像机，应具有彩色/黑白、昼/夜自动转换功能。

4 设置于隧道洞口变电所、洞内变电所、地下风机房的摄像机应具有目标移动报警功能。

5 隧道内紧急停车带、车行横通道、人行横通道处摄像机宜有遥控功能。

7.2.7 视频监视控制设备应设置在中央控制室内。视频监视控制设备应符合下列规定：

1 监视器分辨率应高于摄像机。

2 录像设备应具有手动或自动控制功能，可进行长延时录像。

3 应具有计算机接口，并能受中央管理计算机的控制。

4 应具有对视频信号进行多路分配的功能。

5 应能对现场视频信息进行一对一或一对多方式显示。

6 应能对多路视频信号进行选择显示。

7 应能根据隧道监控系统接收或监测到的紧急电话、火灾报警和交通异常信号等，自动对显示方式进行切换或将报警区域的相关视频信号优先切换至监视器。

7.3 交通控制及诱导设施

7.3.1 交通控制及诱导设施应具备收集和处理交通信息，并传送给中央控制室计算机，同时接收中央控制室计算机传来的有关信息或指令，进行控制与诱导的功能。

7.3.2 交通信号灯的设计应符合下列规定：

1 交通信号灯应设置在隧道入口联络通道前 20~50m 处，信号灯应由红、黄、绿和左转箭头组成。

2 隧道入口无联络通道时，交通信号灯应设置在距隧道入口一个停车视距处，且信号灯应为红、黄、绿三色信号灯。当后一隧道入口与前一隧道出口间距小于 500m 时，两隧道间可不设交通信号灯。

3 交通信号灯应显示清晰，有效显示直径不应小于300mm，动态视认距离不应小于200m。

7.3.3 车道指示器的设计应符合下列规定：
1 车道指示器应设置在隧道内各车行道中心线的上方。
2 车道指示器宜设置在隧道入、出口以及车行横通道等处。
3 隧道内直线段车道指示器设置间距不应大于500m，曲线段根据具体情况可缩短设置间距。

7.3.4 车道指示器应满足下列技术要求：
1 一般位置的车道指示器应由红叉、绿箭两色灯组成。
2 车行横通道处的车道指示器应由红叉、绿箭两色灯和绿色左向箭头灯组成。
3 车道指示器应具有双面显示功能，显示图案应清晰，动态视认距离不应小于200m。
4 方形车道指示器有效显示尺寸不应小于350mm×350mm，圆形车道指示器有效显示直径不应小于300mm。

7.3.5 可变信息标志的设计应符合下列规定：
1 可变信息标志应设置在隧道入口联络通道前200～300m处。
2 隧道入口无联络通道时，可变信息标志宜设置在隧道入口前200～300m处。
3 可变信息标志可在特长、长隧道内设置，并宜设置在车行横通道前10～30m处。

7.3.6 可变信息标志应满足下列技术要求：
1 隧道内版面亮度不应小于3 500cd/m^2，隧道外版面亮度不应小于8 000cd/m^2。
2 版面亮度应能根据环境照度自动调节，应无眩光现象，动态视认距离不应小于200m。
3 应具有故障自检功能。

7.3.7 可变限速标志的设计应符合下列规定：
1 可变限速标志宜设置在隧道入口前50～100m处。
2 可变限速标志可在特长、长隧道内设置，也可由洞内可变信息标志显示相应限速值代替。

7.3.8 可变限速标志应满足下列技术要求：
1 隧道内版面亮度不应小于3 500cd/m^2，隧道外版面亮度不应小于8 000cd/m^2。
2 版面亮度应能根据环境照度自动调节，应无眩光现象，动态视认距离不应小于200m。

  3 应具有故障自检功能。

7.3.9 交通区域控制单元的设计应符合下列规定：

  1 应根据处理信息量和隧道监控模式确定交通区域控制单元规模及处理控制能力。

  2 交通区域控制单元设置间距应按可靠、经济的原则确定。

  3 交通区域控制单元宜设置在隧道两端洞口、横通道内、紧急停车带端部或隧道侧壁的预留洞室内。

  4 隧道内的各交通区域控制单元，宜通过光纤构成光纤自愈控制环网。

7.3.10 交通区域控制单元应具有下列功能：

  1 收集区段内各设备的检测信息，对检测信息进行分析处理和存储，并将信息上传至中央控制室计算机系统。

  2 接收中央控制室计算机系统的信息或指令，对下端执行设备进行控制。

  3 在中央控制室计算机或通信线路发生故障时，应能按预设程序对现场设备实施控制。

8 紧急呼叫设施

8.1 一般规定

8.1.1 紧急呼叫设施设计内容应包括紧急电话设施和隧道广播设施的设计。

8.1.2 紧急呼叫设施应为隧道管理提供快捷的紧急呼叫功能。

8.2 紧急电话设施

8.2.1 紧急电话设施宜按下列原则设置：
1 紧急电话主控设备宜设置在中央控制室。
2 隧道内紧急电话分机设置间距不宜大于200m。
3 紧急电话分机宜设置于隧道入口、隧道出口、隧道内紧急停车带、人行横通道处。
4 隧道内自入口起200m范围之内不应设置紧急电话分机。

8.2.2 隧道内紧急电话分机宜设置在可容人的预留洞室，预留洞室宜配隔声门并设置照明；紧急停车带处的紧急电话分机可设置在电话亭内。

8.2.3 紧急电话主控设备应具有下列功能：
1 汇接各紧急电话分机传输线路，控制各紧急电话分机的呼叫业务。
2 紧急电话主控设备和紧急电话分机之间应能全双工通话。
3 允许两处及两处以上紧急电话分机同时排队报警，并具有接警信息输出接口。
4 具有自动检测功能，可检测系统的正常和故障状态。
5 具有自动录音及回放功能。
6 具有查询统计及打印功能。

8.3 隧道广播设施

8.3.1 隧道广播可采用有线广播方式或无线广播方式。

8.3.2 隧道有线广播设施应按下列原则设置：

1 广播控制器宜设置在中央控制室，与中央控制室计算机相连接。

2 扬声器应设置在隧道入口、隧道出口处及人行横通道、车行横通道处，可在隧道内每隔 50m 设置。

8.3.3 隧道有线广播设施应满足下列技术要求：

1 应具备全呼及分组群呼功能。

2 应具有自动故障检测功能，能显示系统各设备工作状态。

3 声学特性指标不应低于《厅堂扩声系统设计规范》（GB 50371—2006）所规定的会议类扩声系统二级声学特性指标要求。

8.3.4 当采用无线广播方式时，应在隧道进口前设置醒目标志告知隧道无线广播频率。

9 火灾探测报警设施

9.1 一般规定

9.1.1 火灾探测报警设施设计内容应包括报警区域和探测区域的划分、火灾探测器、手动报警按钮、火灾报警控制器、火灾声光警报器的设计等。

9.1.2 火灾探测报警设施设计应注重火灾检测的灵敏性、准确性、实时性、可靠性。

9.1.3 隧道内设置的火灾探测报警设备的防护等级不应低于IP65。

9.2 报警区域和探测区域的划分

9.2.1 隧道报警区域应根据排烟系统或灭火系统的联动需要确定，长度宜为50~100m。

9.2.2 隧道运营管理附属建筑报警区域应按现行《火灾自动报警系统设计规范》（GB 50116）确定。

9.2.3 点型火焰探测器、图像型火灾探测器的探测区域的长度不应大于报警区域长度；线型感温火灾探测器的探测区域长度宜按探测器保护区的长度确定。

9.2.4 平行通道、隧道运营管理附属建筑应分别单独划分探测区域。

9.3 火灾探测器

9.3.1 火灾探测器应能自动检测隧道、平行通道、隧道运营管理附属建筑等的火灾，探测范围应覆盖所有报警区域，无探测盲区。

9.3.2 隧道运营管理附属建筑、平行通道等处的火灾探测器应按照现行《火灾自动报警系统设计规范》（GB 50116）设置。

9.3.3 隧道内宜选用点型火焰探测器、线型感温火灾探测器、图像型火灾探测器或其组合。

9.3.4 点型火焰探测器设置应满足下列要求：
1 单洞车行道少于四车道时，探测器宜单侧设置；单洞车行道为四车道时，探测器应双侧交错设置。
2 探测器宜从隧道洞口顶部以内10m处开始设置；应设置在隧道侧壁，底部距检修道高差宜为2.5~3.5m。

9.3.5 线型感温火灾探测器设置应满足下列要求：
1 每根线型感温火灾探测器火灾探测保护车道的数量不宜超过2条。
2 探测器宜从隧道洞口顶部以内10m处开始沿隧道连续设置；应设置在车道顶部，距隧道顶棚距离宜为0.15~0.20m。

9.3.6 图像型火灾探测器设置应满足下列要求：
1 单洞车行道少于四车道时，探测器宜单侧设置，并设置在隧道侧壁，底部距路面高差不应小于4.5m。
2 单洞车行道为四车道时，探测器宜设置在隧道中线上方，底部距路面高差不应小于5.2m。
3 探测器宜从隧道洞口顶部以内10m处开始设置。

9.3.7 火灾探测器设备应为符合国家有关准入制度的产品，并满足下列技术要求：
1 应具有灵敏度调整功能。
2 线型感温火灾探测器应具有差、定温报警功能。
3 火灾探测器响应时间不应大于60s。

9.4 手动报警按钮

9.4.1 隧道内手动报警按钮设置间距不应大于50m，宜与消火栓等灭火设施同址设置，按钮距检修道高差应为1.3~1.5m。

9.4.2 隧道运营管理附属建筑的手动报警按钮应按现行《火灾自动报警系统设计规范》（GB 50116）设置。

9.5 火灾报警控制器

9.5.1 火灾报警控制器应能接收、显示、记录和传递火灾报警等信息，并有控制自动消防装置的功能。

9.5.2 火灾报警控制器设置应符合下列规定：
1 室内的火灾报警控制器应设置在管理人员易于操作、视认方便的位置；安装在墙上时，控制器与门轴的距离不应小于1m，正面操作空间宽度不应小于1.2m。
2 落地式安装的火灾报警控制器，正面操作空间宽度不应小于1.2m，设备侧面及后面的维修空间宽度均不应小于1m。
3 设置在隧道内的火灾报警控制器应设有可靠的保护措施和明显标志。

9.5.3 火灾报警控制器每一总线回路连接设备的地址码总数宜留有一定的余量，且不宜超过200点。

9.6 火灾声光警报器

9.6.1 设置火灾探测器且未设置有线广播的隧道应设置火灾声光警报器；同时设置火灾探测器和有线广播的隧道宜设置火灾声光警报器。

9.6.2 火灾声光警报器应设置于隧道中央控制室、隧道入口前方100～150m处、隧道内各报警区域，设置高度不宜小于2.5m。

9.6.3 环境噪声大于60dB的场所设置火灾声光警报器时，其声光警报器的声压级应比背景噪声至少高15dB，其他技术指标应符合现行《火灾声和/或光警报器》（GB 26851）的规定。

9.7 系统供电与通信要求

9.7.1 火灾探测报警系统应设有交流电源和蓄电池备用电源。

9.7.2 火灾探测报警系统主电源不应设置剩余电流动作保护和过负荷保护装置。

9.7.3 蓄电池备用电源宜采用专用蓄电池或集中设置的蓄电池，其电池维持供电时间不应小于3h。采用集中设置的蓄电池时，火灾报警控制器应采用单独的供电回路，并应保证在系统处于最大负载状态下不影响火灾报警控制器的正常工作。

9.7.4 火灾探测报警系统的隧道现场信息传输网络应采用独立传输网络；路段全线火灾探测报警系统的信息传输网络可利用公路专用通信网络。

10 消防设施与通道

10.1 一般规定

10.1.1 消防设施与通道的设计内容应包括消防灭火设施与通道的设计。

10.1.2 消防设施与通道设计应遵循下列原则：
1 以人员逃生为主，车辆疏散、财产保全、灭火为辅。
2 以自救为主，外部救援为辅。

10.2 消防灭火设施

10.2.1 消防灭火设施设计内容应包括灭火器、消火栓、固定式水成膜泡沫灭火装置、隧道消防给水设施及其他设施等。

10.2.2 灭火器设计应符合下列规定：
1 公路隧道内灭火器宜选用磷酸铵盐干粉手提式灭火器，灭火剂充装量不应小于5kg且不应大于8kg。
2 单洞双车道公路隧道应在隧道一侧设置灭火器，单洞三车道公路隧道宜在隧道两侧交错设置灭火器，单洞四车道公路隧道应在隧道两侧交错设置灭火器。灭火器单侧设置间距不应大于50m。
3 灭火器应成组设置在灭火器箱内，每组所设灭火器具数宜为2~3具。灭火器箱门上应注明"灭火器"字样。

10.2.3 消火栓设计应符合下列规定：
1 消火栓应成组安装在消防箱内，消防箱宜固定安装在隧道沿行车方向的右侧壁消防洞室内，单洞双向通行隧道可按单侧布设。
2 单洞双车道公路隧道消火栓间距不应大于50m，单洞三车道、四车道公路隧道消火栓间距不应大于40m。
3 消火栓应采用统一型号规格，隧道内宜选用减压稳压型消火栓。消火栓栓口直径应为65mm，水枪喷嘴口径不应小于19mm，水带长度不应超过30m。

4 消火栓栓口离地面或操作基面高度宜为 1.1m，其出水方向宜与设置消火栓的墙面成 90°角，栓口与消防箱内边缘的距离不应影响消防水带的连接。

5 消火栓的水枪充实水柱长度不应小于 10m。

6 消火栓栓口处的出水压力大于 0.5MPa 时，应设置减压设施。

7 当消火栓系统压力由消防水泵直供时，每个消火栓处应设置直接启动消防水泵的按钮。

8 消防箱门上应注明"消火栓"字样。

10.2.4 固定式水成膜泡沫灭火装置设计应符合下列规定：

1 固定式水成膜泡沫灭火装置宜选用环保型 3% 型水成膜泡沫液，泡沫罐宜选用不锈钢材质罐体，容积宜为 30L。

2 固定式水成膜泡沫灭火装置中的消防卷盘应选用长 25m、口径 19mm 的胶管；泡沫枪应为带开关的吸气型泡沫枪，口径宜为 9mm。

3 固定式水成膜泡沫灭火装置的泡沫混合液流量不应小于 30L/min，连续供给时间不应小于 20min，射程不应小于 6m。

4 固定式水成膜泡沫灭火装置宜与消火栓一同安装于消防洞室内。

5 固定式水成膜泡沫灭火装置阀门应有明显启闭标志。

6 泡沫罐上醒目位置应注明泡沫液的有效使用期限。

7 固定式水成膜泡沫灭火装置箱门上应注明"泡沫消火栓"字样。

10.2.5 隧道消防用水可采用市政自来水、地下水或地表水。当采用地表水时，应有保证枯水期时消防用水的措施。

10.2.6 隧道消防用水量应按发生一次火灾的灭火用水量确定，且不应小于表 10.2.6 的规定值。

表 10.2.6 隧道消防用水量

隧道长度 L_{en}（m）	隧道内消火栓一次灭火用水量（L/s）	同时使用水枪数量（支）	火灾延续时间（h）	用水量（m³）
$L_{en} < 1\,000$	15	3	2	108
$1\,000 \leq L_{en} < 3\,000$	20	4	3	216
$L_{en} \geq 3\,000$	20	4	4	288

注：每支水枪最小流量为 5L/s。

10.2.7 隧道消防给水方式设计应满足下列要求：

1 隧道消防给水宜采用高位消防水池供水的常高压供水系统；当无条件设置高位水池时，可采用稳高压供水系统。

2 供给隧道消防用水的消防水泵应采用自灌式引水，并在吸水管上设置检修阀门。
3 消防水池的补水时间不宜超过48h。
4 消防水池的容积除应能容纳隧道内一次消防用水量外，尚应能容纳隧道内冲洗所需的调节容量。
5 消防水池应有一次消防用水不被其他用途占用的措施。
6 消防水池应设水位遥测装置。

10.2.8 消防给水管道设计应满足下列要求：

1 消防给水管道宜采用内外壁热镀锌钢管、无缝钢管或内外涂塑钢管，并宜采用沟槽式连接或丝扣、法兰连接。
2 双洞隧道的消防给水应采用环状供水管网。
3 隧道内消防给水管道应设检修阀。当管径大于或等于100mm时，宜采用软密封闸阀。
4 设有固定水成膜泡沫灭火装置的隧道，在给水管道引入隧道前，宜设置管道过滤装置。
5 应设置管道伸缩器及自动排气阀等管道附属设施。
6 消防给水管道穿越路面时，应有保护措施。
7 寒冷地区的消防给水管道及消防水池应采取防冻保温措施。
8 沿海地区公路隧道消防给水管道应具有防盐雾腐蚀措施。

10.2.9 设有消防给水设施的隧道，在洞口附近应设置室外消火栓和消防水泵接合器，其数量应根据隧道消防用水量计算确定。每个室外消火栓、水泵接合器流量均应按10~15L/s计算。

10.2.10 设有通风竖井的隧道，在联络风道口处宜设置能对火灾时产生的热空气进行降温的设施，地下机房内应设置室内消火栓系统。

10.2.11 在隧道管理用房内应设置消防器材储藏间，并应配置备用灭火器材。

10.3 通道

10.3.1 通道设计内容应包括人行横通道、车行横通道、平行通道、直接通向地面的横通道、地下建筑的进出口通道的设计。

10.3.2 双洞分离的公路隧道，双洞之间应根据现行《公路隧道设计规范》（JTG D70）的规定设置人行横通道、车行横通道。

10.3.3 单洞双向通行的特长公路隧道，宜设置平行通道、人行横通道、车行横通道等设施，有条件时可设置直接通向地面的横通道，并应符合现行《公路隧道设计规范》（JTG D70）的规定。

10.3.4 隧道内设置地下通风房、变配电所及其他管理用房等地下建筑时，地下建筑与隧道之间应有至少两个进出口通道。进出口通道净空尺寸不应低于人行横通道或车行横通道尺寸要求，并应满足设备运送要求。

10.3.5 人行横通道设计应符合下列规定：
  1 人行横通道应有良好的防排水措施，道面应防滑。
  2 人行横通道纵坡大于20%时，宜设置踏步台阶，边墙两侧宜设扶手，扶手高度宜为0.9m。
  3 人行横通道的两端应设防火门。

10.3.6 车行横通道设计应符合下列规定：
  1 车行横通道的纵坡不宜大于5%，最大纵坡不应大于10%。
  2 车行横通道应设防火卷帘，防火卷帘应具备现场和远程控制开闭功能。

10.3.7 防火门正常情况应关闭，开启方向应为疏散方向，应能在门两侧开启，且应具有自动关闭功能。

10.3.8 防火门各项性能除应符合现行《防火门》（GB 12955）的规定外，尚应满足下列要求：
  1 应采用钢质 A 类隔热防火门。
  2 隧道长度小于3 000m 时，防火门耐火隔热性、耐火完整性不应小于2.0h；隧道长度不小于3 000m 时，耐火隔热性、耐火完整性不应小于3.0h。

10.3.9 防火卷帘应采用钢质防火、防烟卷帘，其各项性能除应符合现行《防火卷帘》（GB 14102）的规定外，尚应满足下列要求：
  1 卷帘材料及零部件应环保、耐腐蚀。
  2 隧道长度小于3 000m 时，耐火极限不应小于2.0h；隧道长度不小于3 000m 时，耐火极限不应小于3.0h。

11 供配电设施

11.1 一般规定

11.1.1 供配电设施设计内容应包括供电设施和配电设施的设计。

11.1.2 供配电设施设计应遵循下列原则：
1 系统构成应简单明确，电能损失小，便于管理和维护。
2 应根据工程特点、规模和发展规划，做到近远期结合。
3 应采用符合国家现行有关标准的先进、环保、可靠的电气产品。

11.1.3 供配电设施设计应采用下列节能措施：
1 应选用低能耗电气设备。
2 应合理设置配电级数，减少电能损失，配变电点宜靠近负荷中心。
3 应合理补偿无功功率，功率因数应达到90%以上。
4 应合理选择配电变压器的负载率，负载率宜取70%~85%。
5 应合理选择线缆截面，降低电能线路损失。
6 宜使三相负荷平衡。
7 技术经济比较可行时，宜选用太阳能、风能等新能源。

11.2 供电设施

11.2.1 隧道电力负荷应根据供电可靠性和中断供电对人身生命、生产安全造成的危害及对经济影响的程度确定负荷等级。公路隧道重要电力负荷的分级应符合表11.2.1的规定。

表11.2.1 隧道重要电力负荷分级

序 号	电力负荷名称	负 荷 等 级
1	应急照明设施	级[a]
	电光标志	
	交通监控设施	
	通风及照明控制设施	

续表 11.2.1

序 号	电力负荷名称	负 荷 等 级
1	紧急呼叫设施	一级[a]
1	火灾检测与报警设施	一级[a]
1	中央控制设施	一级[a]
2	消防水泵[b]	一级
2	排烟风机	一级
3	非应急的照明设施	二级
3	通风风机[c]	二级
3	消防补水水泵[d]	二级
4	其余隧道电力负荷	三级

注：[a] 该一级负荷为特别重要负荷。
    [b] 指为消防管道维持正常水压的加压水泵。
    [c] 指除作为一级负荷以外的其他通风风机。
    [d] 指为高、低位水池补水的给水泵。

11.2.2 隧道供电设计应符合下列规定：

1 隧道一级负荷应由双重电源供电。一级负荷容量不大时，应优先从邻近的电力系统取得第二低压电源，也可采用应急发电机组作为备用电源。

2 对于隧道一级负荷中特别重要负荷，应设置不间断电源装置（UPS）或应急电源装置（EPS）作为应急电源，并不得将其他负荷接入应急供电系统。

3 隧道二级负荷的供电系统宜由两回路电源线路供电。

4 两回路电源线路供电的隧道，宜采用同级电压供电。当一路电源中断供电时，另一路电源应能满足全部一级和二级负荷的供电要求。

5 除一级负荷中的特别重要负荷外，不应按一个电源系统检修或发生故障的同时，另一电源也发生故障进行设计。

11.2.3 隧道电压选择和电能质量应满足下列要求：

1 隧道最高一级的配电电压宜采用10kV，低压配电电压应采用0.4kV。

2 10kV系统配电级数不宜多于两级。

3 应正确选择变压器的变压比和电压分接头。

11.2.4 应根据隧道的长度、负荷等级、负荷大小、负荷分布、地形地貌等情况，以全寿命周期内综合费用最低为原则，确定隧道配变电所的规模、形式及设置位置。

11.2.5 配电变压器设计应符合下列规定：

1 宜选用低损耗、低噪声、接线组别为D, yn11的环保节能型变压器。经技术经济比较合理时，可选用非晶合金等节能型变压器。

2 长期工作负载率不宜大于85%。

3 隧道的动力和照明共用变压器对照明质量及光源寿命有不利影响时，可设照明专用变压器。

4 变压器低压侧电压为0.4kV时，单台变压器容量不宜大于1 250kVA，户外箱式变电站变压器单台容量不宜大于800kVA。

11.2.6 柴油发电机组设计应符合下列规定：

1 宜选用高速柴油发电机组和无刷励磁交流同步发电机，并配备自动电压调整装置。选用的机组应装设快速自启动装置和电源自动切换装置，启动时间不应大于30s。

2 柴油发电机组应与市电连锁，不得与其并列运行。市电恢复时，机组应自动退出工作，并延时停机。

11.3 配电设施

11.3.1 隧道内配电箱、柜的防护等级应达到IP55。

11.3.2 隧道低压配电系统设计应符合下列规定：

1 隧道各类电力负荷应根据性质、功能的不同，各自设置单独的配电回路。

2 接地方式宜采用TN-S系统。

3 由隧道配变电所至隧道内配电箱、柜或分配箱，宜采用树干式或放射式与树干式相结合的混合式配电。当用电负荷容量较大或用电负荷较重要时，宜采用放射式配电。

4 隧道内宜设置供维修和养护作业用的配电回路，回路末端应设置漏电保护装置。

5 隧道内用电设备端子处电压偏差允许值（以额定电压的百分数表示）宜按±5%验算。距隧道变配电所较远的电动机，当端电压低于额定值的95%时仍能保证电动机温升符合有关规定，且堵转转矩、最小及最大转矩均能满足传动要求时，电动机的端电压可低于额定值的95%，但不得低于额定值的90%。

11.4 应急电源

11.4.1 不间断电源装置（UPS）设计应符合下列规定：

1 当隧道用电负荷不允许中断供电或允许中断供电时间为毫秒级时，应采用在线式UPS供电，UPS维持供电时间不应小于30min。

2 对计算机供电时，UPS的额定输出功率不应小于计算机各设备额定功率总和的1.2倍；对其他用电设备供电时，其额定输出功率不应小于最大计算负荷的1.3倍。

3 UPS应具有手动、自动旁路装置。

4 UPS应具有对电池组进行测量及显示的功能。

11.4.2 应急电源装置（EPS）设计应符合下列规定：
1 隧道应急照明宜采用 EPS 供电，EPS 维持供电时间不应小于 30min。
2 EPS 的额定输出功率不应小于应急照明额定功率总和的 1.3 倍。
3 EPS 用于照明电源装置时，切换时间不应大于 0.2s。
4 EPS 应具有对电池组进行测量及显示的功能。

11.5 电力监控系统

11.5.1 设置中央控制管理设施的公路隧道宜设置电力监控系统。

11.5.2 隧道电力监控系统应能满足公路隧道电气设备和线路的继电保护及电气测量要求，应具备电气设备的监视、测量、保护、控制、管理功能。

11.5.3 隧道电力监控系统宜采用分层分布式系统结构。

11.5.4 隧道电力监控系统继电保护和自动装置设计应符合现行《电力装置的继电保护和自动装置设计规范》（GB/T 50062）的规定，其保护装置可按表 11.5.4 配置。

表 11.5.4 隧道电力监控系统保护装置配置

名　称		保护装置配置
10kV 配电线路		电流速断、过电流、低电压
10/0.4kV 配电变压器	干式变压器	电流速断、过电流、过负荷、温度、零序过流、单相接地
	油浸式变压器	电流速断、过电流、过负荷、温度、瓦斯
低压配电线路		短路、过负荷、电流速断

11.5.5 双电源自动投入装置应符合下列规定：
1 应能保证在工作电源或设备断开后才投入备用电源或设备。
2 工作电源或设备上的电压消失时，自动投入装置应延时动作。
3 自动投入装置应保证只动作一次。
4 当备用电源或设备投入到故障上时，自动投入装置应使其保护加速动作。
5 备用电源自动投入装置中，可设置工作电源的电流闭锁回路。

11.6 配变电所及发电机房

11.6.1 所有室内、外装置的安全净距应符合相关规范的要求。

11.6.2 可燃油油浸电力变压器室的耐火等级应为一级。非燃或难燃介质的电力变压器室、电压为10kV的配电装置室和电容器室的耐火等级不应低于二级。低压配电装置室和电容器室的耐火等级不应低于三级。

11.6.3 配变电所应配置防火门。隧道地面配变电所室内门应为乙级防火门。隧道内配变电所的门应为甲级防火门。

11.6.4 电压为10kV的配电室和电容器室，宜装设不能开启的自然采光窗，窗台距室外地坪不宜低于1.8m。

11.6.5 配变电所应设置防止雨、雪和小动物进入屋内的设施。

11.6.6 长度大于7m的配电装置室应设两个出口，出口宜布置在配电室的两端。当配变电所采用双层布置时，位于楼上的配电装置室应至少设一个通向室外平台或通道的出口。

11.6.7 位于严寒地区的配变电所，可根据需要设置采暖装置。设置采暖装置时，应有防渗漏措施。

11.6.8 位于炎热地区的配变电所，屋面应有隔热措施，室内宜采取通风、除湿和空调降温措施。

11.6.9 位于高潮湿环境的配变电所，墙体应无渗漏、无结露，室内应有防排水措施及除湿措施。

11.6.10 柴油发电机房宜设置发电机间、储油间、备品备件储藏间，并应设置移动式或固定式灭火设施。

12 中央控制管理系统

12.1 一般规定

12.1.1 中央控制管理系统设计主要内容应包括管理体制、系统功能与控制方式、中央控制室设施及软件的设计。

12.1.2 中央控制管理系统设计应以保障公路隧道管理服务水平为原则。

12.2 管理体制

12.2.1 公路隧道的管理体制应与所在路段的管理体制相适应。

12.2.2 隧道管理机构的功能、设置位置、设施配置、人员配置，应根据隧道规模、交通量、隧道集中程度、隧道所处位置、管理人员生活附属设施及运营管理成本等因素进行设计。

12.3 系统功能与控制方式

12.3.1 中央控制管理系统应具有下列功能：
1 接收各类设施送来的各种信息，包括数据信息、视频信息及语音信息。
2 对各类设施送来的各种信息进行综合处理，并协调各类设施的控制。
3 以自动或手动方式执行预置在计算机内的控制方案。
4 以数据、图形、图像等方式显示隧道内外的交通情况及设备的运行情况。
5 自动地完成数据备份、文档存储。
6 方便地进行查询、统计和形成报表。
7 定时检测各设备的工作状态。
8 与所属公路其他管理系统进行信息交换。

12.3.2 系统控制方式可采用多级控制方式或集中控制方式。

12.4 中央控制室设施

12.4.1 交通监控计算机应具有下列功能：
1 采集和处理交通基本信息，包括交通量、车速、占有率等。
2 采集交通监控设施的工作状态信息及控制反馈信息。
3 向可变信息标志、可变限速标志、中央控制室显示设备发送显示信息。
4 向交通控制与诱导设施发送控制与诱导信息。

12.4.2 通风及照明控制计算机应具有下列功能：
1 采集和处理隧道内外环境信息，包括 CO 浓度、NO_2 浓度、能见度、风速风向、光亮度等，以及有关设备的状态信息。
2 采集通风及照明控制设施的状态信息。
3 根据需要向中央控制室显示设备发送显示信息。
4 向通风及照明控制单元发送控制信息。

12.4.3 紧急呼叫计算机应具有下列功能：
1 采集紧急电话设施的呼叫信息和状态信息、隧道广播设施的状态信息。
2 通过隧道广播设施发布语音信息。
3 根据需要向中央控制室显示设备发送设施状态和报警地址、时间信息。

12.4.4 火灾报警及消防控制计算机应具有下列功能：
1 采集和处理火灾报警设施提供的数据信息。
2 采集火灾报警及消防设施的状态信息并发送控制信息。
3 根据需要向中央控制室显示设备发送设施状态和报警地址、时间信息。

12.4.5 电力监控计算机应具有下列功能：
1 实时采集供配电设施基本工作信息及设施状态信息。
2 向供配电设施发送控制信息。
3 根据需要向中央控制室显示设备发送被监控供配电设施的电气参数和运行状态信息。

12.4.6 视频事件检测计算机应具有下列功能：
1 采集视频事件检测器的检测数据及状态数据。
2 根据需要向中央控制室显示设备提供设施状态和报警地址、时间信息，并能对报警的优先级进行分级。
3 与其他管理计算机进行通信，共同完成异常事件和交通控制措施的联动运行。

12.4.7 图形计算机应具有下列功能：

1 实时轮流显示各路视频图像。

2 将各系统采集和分析所得数据以图形和数字相结合的方式实时、动态地显示在显示设备上。

3 进行放大、缩小、移动等图形操作。

4 显示各监控设施位置及其状态、异常报警信息，切换各视频图像。

12.4.8 服务器宜采用专用服务器，应具有网络管理、数据信息存储功能等。

12.4.9 管理计算机应具有下列功能：

1 网络管理。

2 日常维护管理、记录。

3 根据需要提出隧道交通控制诱导方案，供管理人员参考和选择。

4 其他计算机有故障时，应能代替工作。

12.4.10 信息显示设备应具有下列功能：

1 接收各系统数据信息、视频信息等。

2 显示隧道各系统总体布局、运行信息、报警信息、设备状态等。

12.4.11 中央控制室计算机、计算机外设及网络设备应满足下列技术要求：

1 计算机设备的 CPU、主频、内存、硬盘技术指标应满足系统技术要求。

2 计算机外设应根据系统和用户需求合理配置。

3 计算机网络设备应根据系统要求合理配置。

12.4.12 中央控制室设施的布设应遵循下列原则：

1 应协调、合理，并满足人员操作、安全、设备散热、安装和维护的要求。

2 应以人为本，适合人的生理和心理特点。

3 综合控制台正面与墙的净距不应小于 1.2m，侧面与墙或其他设备的净距在主要通道不应小于 1.5m，在次要通道不应小于 0.8m。

4 监视器或监视器墙的观看距离不应小于 3m，监视器背面和侧面与墙的净距不应小于 1m。

12.5 中央控制管理软件

12.5.1 系统软件应按下列原则选择：

1 应综合考虑其功能、性能、可靠性、安全性、可扩展性、系统管理能力、成功应用案例、维护、服务和费用等因素。

  2 应与所采用的硬件平台相适应。

12.5.2 应用软件设计应符合下列规定：
  1 应与管理要求相适应，应具有信息采集功能、数据处理功能、控制方案执行功能、信息显示功能、统计查询和报表生成功能、数据档案存储功能、设备监测功能等。
  2 宜采用模块化结构。
  3 应有容错功能、分级保密功能和安全措施。
  4 应易于操作、维护。

12.5.3 原始数据保存时间不应少于 1 年，统计数据保存时间不应少于 1 年，视频数据保存时间不应少于 30d。

13 接地与防雷设施

13.1 一般规定

13.1.1 接地与防雷设施设计内容应包括接地设施和防雷设施的设计。

13.1.2 接地与防雷设施设计时应根据被保护设施的特点，综合采取接闪、分流、均压、屏蔽、合理布线和共用接地等防护措施。

13.2 接地设施

13.2.1 隧道洞内接地设施设计应符合下列规定：
1 隧道接地装置宜利用隧道支护内锚杆、钢筋网等自然接地体。
2 应在隧道两侧电缆沟内分别设置一条贯穿隧道的接地干线，接地干线宜与隧道自然接地体重复接地，其重复接地间距不宜大于200m。
3 在隧道两端洞口附近应各设置一组接地装置。有监控设施的隧道，洞口接地装置接地电阻不应大于1Ω；无监控设施的隧道，洞口接地装置接地电阻不应大于4Ω。该接地装置应与隧道洞内的接地干线可靠连接。

13.2.2 设备机房接地设施设计应符合下列规定：
1 监控通信室交直流工作接地、安全保护接地、防雷接地宜共用一组接地装置，其接地电阻值不应大于1Ω；防雷接地单独设置接地装置时，接地电阻值不应大于10Ω；交直流工作接地、安全保护接地共用一组接地装置时，接地电阻值不应大于4Ω。
2 变配电所交直流工作接地、安全保护接地、防雷接地宜共用一组接地装置，接地电阻不应大于4Ω。
3 设备机房的接地装置应优先利用建筑物的基础钢筋等自然接地体。
4 宜在设备机房预留不少于两处（对角线布设）接地汇流排，并应就近与建筑物柱、梁内主钢筋可靠电气连接。
5 室内金属管道、配电柜、机架等在正常工作情况下，不带电的金属构件均应就近可靠接地。
6 进出设备机房的金属管、槽、线缆屏蔽层应就近与接地汇流排连接。
7 进出设备机房的电源和信号线缆，宜从同一个进线端点进入，并在入口处作等电位连接，机房内的供电线缆和数据、信号线缆应分别敷设于各自的金属线槽内或金属桥架内，金属线槽和桥架均应全程电气连通，并至少在其两端及穿越房间处与接地汇流排作等电位接地连接。

8 高压架空供电线路在进入变电所、配电房前，应转用金属护套或绝缘护套电力电缆穿钢管埋地，其金属护套或钢管两端应可靠接地。

13.2.3 洞外设备接地设施设计应符合下列规定：

1 接地体宜为辐射状。防雷接地宜与其他接地分开设置，其电阻值不应大于10Ω。交直流工作接地、安全保护接地宜共用一组接地装置，其接地电阻值不应大于4Ω。

2 洞外设备顶部安装接闪器保护时，可利用支撑设备的金属构件作为引下线，并与设备基础钢筋连接。

3 金属线缆宜穿金属管或采用带屏蔽层的线缆埋地敷设，埋设深度不应小于0.7m，金属管应全线电气连通，屏蔽层或金属管两端应就近接地。

13.3 防雷设施

13.3.1 接闪器设计除应符合现行《建筑物防雷设计规范》（GB 50057）的规定外，尚应符合下列规定：

1 中央控制室接闪器可采用接闪杆、接闪带、接闪网或其组合，其保护范围应按滚球半径45m计算。

2 洞口变电所可采用接闪杆、接闪带、接闪网或其组合，其保护范围应按滚球半径60m计算。

3 外场摄像机、立柱或门架式可变信息标志等外场设备宜采用独立接闪杆保护，其保护范围应按滚球半径60m计算。

13.3.2 电源防雷设计应符合下列规定：

1 机房宜采用专供线路供电，机房内电源配电箱入线侧应安装不低于C级的SPD，其电压保护水平应与被保护设备的耐压水平相适应。

2 变电所、配电房处的高压柜入线侧、低压柜出线侧应分别安装适配的电源SPD，并可靠接地。

3 在各配电箱（屏）处应预留等电位接地端子，并安装与其雷电防护分区相对应的电源SPD。

4 洞外配电箱进、出线侧均应安装不低于B级的电源SPD，洞内配电箱入线侧宜安装不低于C级的电源SPD。

5 洞内监控设备的电源入线端应安装不低于C级的电源SPD。

6 洞外监控设备的电源入线端应安装不低于B级的电源SPD。

7 UPS、EPS电源的输入、输出端应分别安装B级或C级的电源SPD。

13.3.3 电源 SPD 应满足下列技术要求：

1 电源 SPD 应满足现行《低压电涌保护器（SPD） 第1部分：低压配电系统的电涌保护器 性能要求和试验方法》（GB 18802.1）的性能要求。

2 电源 SPD 的持续运行电压应不小于320V，UPS 输出端的电源 SPD 持续运行电压应不小于275V。

3 电源 SPD 的电压保护水平应根据相应设备耐冲击过电压确定。

4 电源 SPD 宜有显示劣化状态的状态指示器。

13.3.4 信号防雷设计应符合下列规定：

1 进出机房的各类金属信号线缆应分别设置信号 SPD。

2 洞内外监控设备的金属信号线缆两端应设置信号 SPD。

3 应根据信号线路的工作频率、传输介质、传输速率、传输带宽、工作电压、接口形式、特性阻抗等参数，选择适配的 SPD。

13.3.5 信号 SPD 应满足下列技术要求：

1 信号线路 SPD 应符合现行《低压电涌保护器 第21部分：电信和信号网络的电涌保护器（SPD）——性能要求和试验方法》（GB/T 18802.21）的规定。

2 同轴电缆 SPD 应满足下列技术要求：

1）同轴电缆 SPD 接口与同轴电缆接口兼容，并具有防水功能。

2）插入损耗不大于0.5dB，驻波比不大于1.20，工作电压和电流满足系统要求。

3）标称放电电流不小于5kA。

3 以太网数据线 SPD 应满足下列技术要求：

1）满足各类接口设备传输速率的要求，且其接口的线位、线排、线序与被保护设备接口兼容。

2）标称放电电流不小于0.3kA。

4 I/O 控制线、数据总线 SPD 应满足下列技术要求：

1）保护电压不大于50V，标称放电电流不小于5kA。

2）启动电压和设备的工作电压相适应，宜为工作电压的1.2~2.5倍。

3）SPD 的插入损耗不影响设备的正常运行。

14 线缆及相关设施

14.1 一般规定

14.1.1 线缆及相关设施设计内容应包括电缆桥架、支架、线槽、线缆管道、线缆选型及敷设、预留洞室的设计。

14.1.2 线缆及相关设施设计应遵循下列原则：
1 应保障设施安全、美观、经济合理、便于维护。
2 应根据工程特点、规模和分期实施计划，在满足近期使用要求的同时，兼顾远期需要。

14.2 桥架、支架、线槽

14.2.1 桥架、支架、线槽可采用金属或非金属材料。

14.2.2 钢制电缆桥架钢板厚度不应小于1.5mm，钢制线槽钢板厚度不应小于1.2mm。

14.2.3 桥架托臂应具有水平、垂直调节功能。金属电缆桥架、线槽连接处宜采用编织铜带跨接。

14.2.4 电缆支架设置中心间距宜按表14.2.4取值。金属支架应可靠接地。

表 14.2.4 电缆支架设置中心间距（mm）

电缆种类		电缆敷设方式	
		水 平	垂 直
信号电缆、控制电缆		800	1 000
电力电缆	全塑型	600	1 000
	除全塑型外的35kV以下电缆	800	1 500
	35kV及以上的高压电缆	1 500	2 000

14.2.5 钢制电缆桥架、支架、线槽以及其他钢制安装部件应有可靠的防腐措施。

14.3 线缆管道

14.3.1 线缆管道应按现场实际情况确定路由，根据需求选用材料，应有预留量。

14.3.2 隧道内线缆路由宜采用镀锌钢管、可挠金属管或塑料管等预埋暗敷。

14.3.3 当隧道电缆沟内管道采用混凝土包封时，宜采用C15混凝土，管材可采用钢管、PVC管或PE管等。

14.3.4 隧道洞口左右侧电缆沟或管道之间应预埋横向管道，埋深不应小于70cm，预埋管道可采用钢管、塑钢管、玻璃钢管。

14.3.5 隧道洞内变电所及车行横通道、人行横通道处应设置一组横向预埋管，连通左右侧电缆沟。

14.4 线缆选型及敷设

14.4.1 隧道内桥架上敷设的火灾探测报警设施、监控设施、应急疏散照明、电光标志回路所用的电缆应选用耐火电缆，桥架上敷设的其他线缆宜选用阻燃电缆。

14.4.2 变配电所低压配电屏至隧道内配电箱的低压配电干线宜采用交联聚乙烯绝缘铜芯电缆。

14.4.3 隧道内外电缆敷设路由应遵循弱电电缆与强电电缆分离的原则，合理布置电缆分层及交叉位置。

14.4.4 电缆桥架上电力电缆总截面积与桥架托盘内横断面积的比值不应大于40%。

14.4.5 公路通信干线宜设置在隧道电缆沟内。

14.4.6 低压配电电缆设计时，宜配置毁损报警装置或采取其他防毁损措施。

14.5 预留洞室

14.5.1 在隧道内侧壁上设置设备箱时，应设计预留安装洞室，并应根据设备箱外形、尺寸及使用、维护需要确定预留洞室的大小及位置。

14.5.2 长度1km及以上的高速公路隧道，宜按200m间距在隧道侧壁预留监控设备洞室；洞室尺寸不宜小于2m（高）×2m（宽）×1m（深）；洞室应配备密封门。

附录 A 隧道标志版面

A.0.1 隧道信息标志版面可按图 A.0.1 所示进行设计。

图 A.0.1 隧道信息标志版面示意图

A.0.2 消防设备指示标志版面可按图 A.0.2 所示进行设计。

图 A.0.2 消防设备指示标志版面示意图

A.0.3 人行横通道指示标志版面可按图 A.0.3 所示进行设计。

图 A.0.3 人行横通道指示标志版面示意图

A.0.4 车行横通道指示标志版面可按图 A.0.4 所示进行设计。

图 A.0.4　车行横通道指示标志版面示意图

A.0.5 疏散指示标志版面可按图 A.0.5 所示进行设计。

图 A.0.5　疏散指示标志版面示意图

A.0.6 隧道出口距离预告标志版面可按图 A.0.6 所示进行设计。

图 A.0.6　隧道出口距离预告标志版面示意图

A.0.7 紧急停车带位置提示标志版面可按图 A.0.7 所示进行设计。

图 A.0.7　紧急停车带位置提示标志版面示意图

本规范用词用语说明

1 本规范执行严格程度的用词,采用下列写法:

1)表示很严格,非这样做不可的用词,正面词采用"必须",反面词采用"严禁";

2)表示严格,在正常情况下均应这样做的用词,正面词采用"应",反面词采用"不应"或"不得";

3)表示允许稍有选择,在条件许可时首先应这样做的用词,正面词采用"宜",反面词采用"不宜";

4)表示有选择,在一定条件下可以这样做的用词,采用"可"。

2 引用标准的用语采用下列写法:

1)在标准总则中表述与相关标准的关系时,采用"除应符合本规范的规定外,尚应符合国家和行业现行有关标准的规定"。

2)在标准条文及其他规定中,当引用的标准为国家标准和行业标准时,表述为"应符合《××××××》(×××)的有关规定"。

3)当引用本标准中的其他规定时,表述为"应符合本规范第×章的有关规定"、"应符合本规范第×.×节的有关规定"、"应符合本规范第×.×.×条的有关规定"或"应按本规范第×.×.×条的有关规定执行"。

附件

公路隧道设计规范

第二册 交通工程与附属设施

（JTG D70/2—2014）

条 文 说 明

3 公路隧道交通工程与附属设施配置等级

3.0.1 远期设计年限：对于高速公路和具干线功能的一级公路，为计划通车年后第20年；对于具集散功能的一级公路及二级、三级公路，为计划通车年后第15年；四级公路可根据实际情况确定。

部分设施设计年度取值低于远期设计年限的目的是在保障运营安全的前提下，节省投资，避免设施闲置老化，减少养护费用。当后期交通量增大时，再增配相应设施，所以需按远期设计年限预测交通量设计预留预埋设施。如果近远期某类设施规模差别不大，分期实施的经济效益不明显，且分期实施存在施工困难等问题，一次实施也是合理的。

要达到按远期设计年限预测交通量设计预留预埋设施的要求，实际上需要先按远期设计年限预测交通量做好系统设计。

通风设施的设计年度分期常根据通风、排烟的需求、分期实施难度、经济性等多方面因素确定。常用的一种方法是：高速公路和具干线功能的一级公路隧道通风，近期设计年度取10年，其他等级公路隧道通风的近期设计年度取7年；另一种方法是按照预测交通量来确定分期，当某年度预测交通量达到远期设计年限预测交通量的60%左右时，即以该年度分期。

照明设施的设计年度分期通常在保障运营安全的前提下，根据预测交通量的变化和经济性等方面因素确定。常用的一种照明设施的近期设计年度取值方法为：高速公路和具干线功能的一级公路隧道取10年；具集散功能的一级公路及二级、三级公路隧道取7年；四级公路根据实际情况确定。另一种分期方法是：高速公路和具干线功能的一级公路隧道照明设计采用的设计小时交通量一期按350veh/(h·ln)，二期、三期分别按10年、20年预测交通量确定；具集散功能的一级公路以及二级、三级公路隧道照明设计采用的设计小时交通量一期按180veh/(h·ln)，二期、三期分别按7年、15年预测交通量确定。

3.0.2 隧道交通工程与附属设施的主要设置目的是保障隧道交通安全，特别是在隧道内发生交通事故或火灾等紧急事件时提高救助效率，因此隧道交通工程与附属设施分级依据隧道内的年事故概率来划分。概率越大，分级越高；概率越小，分级越低。

事故概率计算值与隧道长度和交通量的乘积成线性相关，本规范根据隧道长度和交通量将隧道交通工程与附属设施划分为A+、A、B、C、D五级。图3.0.2中，斜线上各点值可依据隧道长度与交通量的乘积为常数进行计算。

本次修订的等级划分与原规范相比，一是分级标准由四级变为了五级；二是强调了隧道长度指标，把500m、1 000m、3 000m、6 000m作为了低交通量时等级的划分点，更符合隧道运营管理的需要，也是当前工程设计的常见做法；三是由统一分级改为分类分级，由于各类设施设计年度取值的不同，其分级有可能不同。

长度小于100m的隧道和交通量小于1 000pcu/d的隧道不作特别规定，设计人员可根据具体情况确定其交通工程与附属设施配置水平。

4 交通安全设施

4.2 标志

4.2.1 隧道内行驶条件与一般路段行驶条件不同,主要是照明、通风、视野等产生变化,有的隧道横断面也与一般路段不同,所有这些不同可能会对行驶安全产生影响。提前提醒前方有隧道及隧道有关信息,驾驶员就会从心理和驾驶行为上做好准备。

隧道信息标志距洞口的距离通常参考表 4-1 取值。

表 4-1 隧道信息标志距洞口的距离与设计速度的对应表

设计速度(km/h)	100~120	80	≤60
设置距离(m)	100~250	50~120	30~80

4.2.7 人行横通道指示标志用于在隧道发生紧急状况时指示人员逃生通道位置。

4.2.9 疏散指示标志用于指示该点与洞口、疏散通道的距离与疏散方向。

4.2.12 紧急停车带位置提示标志用于提示隧道名称、上下(左、右)线方向、紧急停车带编号及报警电话号码。

4.2.13 公告信息标志用于告知紧急电话、报警设施、消防设备位置及使用方法或其他信息。

5 通风设施

5.1 一般规定

5.1.2 本条描述通风设计需考虑的因素，需结合实际工程情况确定相关设计参数，确保通风设计的合理性和经济性。

5.1.3 异常交通工况不仅包括火灾、交通阻滞工况，还包括运营养护维修、检修、施工等需通风的工况。

由于公路隧道是封闭的行车环境，其救援及疏散较困难，当隧道发生火灾时，需要通风系统控制烟气的流动，保证救援及安全疏散。所以通风系统除满足正常交通工况运营需求外，还要满足防灾排烟的需求。

隧道通风设施是按最不利工况进行配置，不分工况运行通风设施必然会造成能耗增加或引起安全隐患。隧道通风设施的运行方案与交通量大小、交通状态（正常交通、阻滞交通、火灾、养护维修等）密切相关，一天中的不同时间段、一年中的不同月份或季节等的交通量及交通状态存在差异。因此，通风设计时需根据不同交通状态、不同运营工况提出通风设施运行方案，为隧道通风控制系统设计、运营管理提供依据。

5.2 通风标准

5.2.1 关于CO设计浓度的要求

1　在公路隧道中，汽车排放的废气中有害物质很多，包括 CO、NO_2、Pb、CO_2、SO_2、$HCHO$ 和烟尘等。其中，CO 对人体健康的影响比较突出，故通风设计时以将其浓度控制在一定的安全限度内作为主要的设计指标之一。

2　结合我国汽车工业技术进步情况及交通排放标准滞后欧盟5～7年的现状综合考虑，本款提出的交通阻滞时的平均 CO 设计浓度的标准参照 PIARC C5 2004 年技术报告中1995年的标准。

3　对于人车混合通行的隧道，CO 的设计浓度指标采用了 PIARC 在 1999 年报告提出的通风标准。

5.2.2 "烟尘设计浓度"表示烟尘对空气的污染程度，通过测定污染空气中100m距离的烟尘光线透过率来确定，也称为100m透过率。本条提出的洞内烟尘设计浓度参照了 PIARC 2004 年技术报告的建议值。

5.3 设计风速

5.3.1 本条提到的设计风速均指隧道行车或行人空间的平均风速，行人与车辆混合通行的隧道是指设有专用人行道的隧道。

单向交通隧道的设计风速借鉴日本道路协会《道路隧道技术标准（通风换气篇）及其解说》及挪威《公路隧道设计准则》取值。双向交通和人车混合通行的隧道设计风速借鉴日本《道路隧道技术标准（通风换气篇）及其解说》和 PIARC 报告取值。

此处特殊情况指：

（1）建设条件复杂，无条件设置通风井分段通风。

（2）为把隧道内全长或分段的设计风速降低至 10m/s 以下而采取的工程措施，如扩大隧道断面、增设或调整通风井、增设静电除尘设备、变更通风方式，将导致建设或运营费用急剧增加。

（3）不具备调整通风方案的建设条件等。

5.4 排烟

5.4.1 一座隧道火灾排烟按同一时间只发生 1 次火灾考虑，是根据我国公路隧道建设与运营经验，并参照我国建筑、地铁及国外相关标准的要求确定的。

本着安全适用和经济合理的原则，通常将通风系统设计为正常情况下通风换气与火灾情况下排烟的合用系统。排烟系统与日常运营通风系统合并设置的方式可以采用共用风道及风机、仅共用风道或仅共用风机，系统的设置与公路隧道选用的排烟方式、日常运营通风方式密切相关。例如，采用全射流纵向式通风及排烟的公路隧道，其系统合并设置方式为共用风道（即行车道空间）与风机。

5.4.4 结合国内外针对不同通风方式在单洞双向交通、单向交通隧道中的适用条件及工程应用情况，根据我国公路隧道的运营现状及人员疏散逃生要求，本条提出了火灾烟雾在不同交通方式隧道中的最大行程要求。

5.4.5 采用排烟道集中排烟的公路隧道，控制烟雾蔓延的目的是使人们滞留的通行空间尽可能长时间地处于无烟状态，那么就要保持烟雾层完整，使烟雾层的下面保留干净和可呼吸的空气，而上部分层的烟雾通过位于顶棚或侧墙顶部的排烟口排出隧道。

根据日本实测试验的观察报告，为达到上述目的，隧道内纵向风速需小于 2.0m/s。当隧道内纵向风速较大时，烟雾和新鲜空气之间的剪流层就会垂直紊动，并快速冷却上层烟雾，使烟雾在整个隧道横断面上混合。但是，若隧道内纵向风速为零，则在火灾发生后10min内，烟雾会以分层方式向火灾点的两侧扩散，从而给滞留洞内的人员带来危害。

排烟分区长度建议取值不大于1 000m是基于与横通道所处位置基本对应提出的。

5.4.7 为保证火灾隧道排烟效果、防止烟雾通过横通道蔓延扩散，故作本规定。

5.4.8 本条提出的相关规范主要指现行《建筑设计防火规范》（GB 50016）、《采暖通风与空气调节设计规范》（GB 50019）等。

5.5 风机

5.5.2 本条提及的风机实际静荷载包括风机及风机的安装支架。

5.5.5 为确保风机消声器在火灾高温作用下能正常使用，参照《消防排烟风机耐高温试验方法》（GA 211—2009）的相关规定，提出了其耐高温的要求。

5.6 通风控制

5.6.1 通风控制的目的是以公路隧道交通安全为前提，通过对隧道内空气环境参数进行实时监测，控制风机运转，使隧道内的烟尘、CO、NO_2、异味满足安全、卫生和基本空气环境质量要求，同时满足火灾工况下防烟与排烟的要求。同时，通风控制是实现隧道通风系统节能运行的重要措施。

5.6.2 隧道中的废气浓度、风速、风向是通风控制的主要参数。对这些参数进行实时监测是有效实施通风控制的主要手段。

通风分段指主线隧道通风中最小的通风工作单元。一般来说，全横向、半横向通风的隧道，通风分段指相应的送风或排风分段在隧道中的长度；全射流纵向通风的隧道全长为一个通风分段；设置有竖（斜）井的隧道以竖（斜）井为界划分通风分段。

通风环境检测设施配置数量、位置，通常根据隧道长度、通风方式以及隧道交通工程与附属设施分级综合确定。

纵向通风方式：洞内废气从气流起点到终点基本呈线性分布，浓度以末端最高；横向通风方式：交通流方向各点废气分布理论上基本为恒定分布；半横向通风方式：气流部分沿纵向流动，废气在通风段内分布呈非线性分布。

5.6.3 关于检测设施的设置位置的规定，主要考虑：
2 两组风机中间部位气流较均匀，采集数据较稳定。

3 风速数据受气流分布影响较大。在洞口附近设置风速仪需尽量减少这种影响。其位置离洞口10倍隧道断面当量直径是从流体力学的角度提出的要求。

5.6.6 3 本方法适用于交通量较小、每日交通量分布较为固定且柴油车混入率较小的公路隧道。

6 照明设施

6.1 一般规定

6.1.1 通常情况下，单向交通隧道照明系统分段如图 6-1 所示，双向交通隧道照明系统分段如图 6-2 所示。

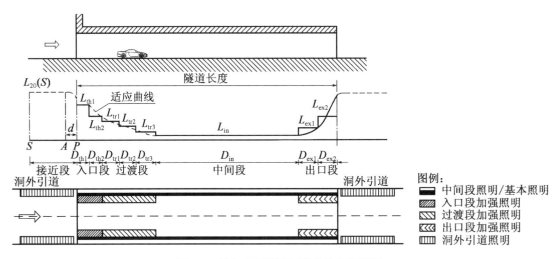

图 6-1 单向交通隧道照明系统分段简图

P-洞口；S-接近段起点；A-适应点；d-适应距离；$L_{20}(S)$-洞外亮度；L_{th1}、L_{th2}-入口段亮度；L_{tr1}、L_{tr2}、L_{tr3}-过渡段亮度；L_{in}-中间段亮度；L_{ex1}、L_{ex2}-出口段亮度；D_{th1}、D_{th2}-入口段 TH_1、TH_2 分段长度；D_{tr1}、D_{tr2}、D_{tr3}-过渡段 TR_1、TR_2、TR_3 分段长度；D_{in}-中间段长度；D_{ex1}、D_{ex2}-出口段 EX_1、EX_2 分段长度

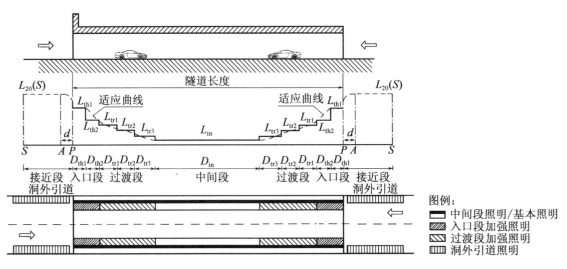

图 6-2 双向交通隧道照明系统分段简图

6.1.2 机动车驾驶员行车时,视觉感受到的是路面亮度,它能反映出视觉感知的强烈程度,因此以路面亮度作为照明指标较为科学合理。目前国际照明委员会(CIE)和世界上多数国家均以亮度指标为依据来制定隧道照明标准。

照明闪烁问题与照明亮度、灯具布置和行车速度等因素有关,合理的闪烁频率可避免视觉上的不舒适与心理干扰,以达到行车安全的目的。

诱导性是指照明设施具有的给机动车驾驶员提供有关道路前方走向、线形、坡度等视觉诱导的特性。

6.1.3 基本照明是为保障行车安全沿隧道全长提供基本亮度的措施;加强照明是解决白昼洞内外亮度反差适应性的措施。

6.1.5 隧道照明系统通常按满足最不利工况进行设计,不分工况开启照明设施可能会造成能耗增加或存在安全隐患。本条要求根据交通量变化、洞外亮度变化、不同季节等制订适宜的调光及运营管理方案,以确保隧道照明系统在不同运营条件下的安全与节能运行。

6.2 入口段照明

6.2.1 对近10年来建设的公路隧道进行的广泛调研表明,入口段后半段亮度偏高,所以入口段采用了分段设置的方法。英国、日本等国家和CIE、CEN等国际组织在其相应的标准和技术文件中也有相同的考虑和规定。

本规范采用 k 值法来计算入口段加强照明亮度。入口段亮度折减系数 k 的取值参考了 CIE、CEN 等国际组织以及一些国家的照明标准,并充分考虑了目前我国的经济发展水平和隧道照明状况。

6.2.2 入口段长度 D_{th} 根据照明停车视距 D_s、最小衬托长度、洞口净空高度、适应距离进行计算。为保证机动车驾驶员对路面上障碍物(0.2m×0.2m×0.2m)的视认能力,在障碍物背后应有一段最小长度为 b 的明亮路面,如图6-3所示。

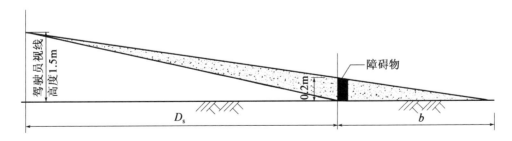

图6-3 照明停车视距与最小衬托长度

车辆驶至洞外适应点 A 时,机动车驾驶员的20°视场范围内,洞外景物基本消失,开始适应隧道暗环境。适应点 A 与洞口 P 间的距离 d 称为适应距离,$d = \dfrac{h-1.5}{\tan 10°}$,如图6-4所示。

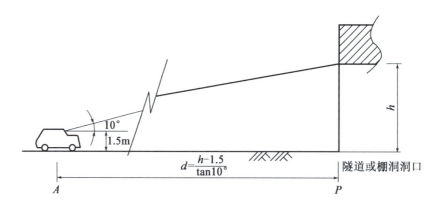

图 6-4 适应距离

6.2.3 ~ 6.2.5 本规范将隧道划分为两类，即光学长隧道和非光学长隧道。本规范中不属于光学长隧道范畴的隧道即为非光学长隧道。

6.3 过渡段照明

6.3.1 本规范参照 CIE 标准提出适应曲线 $L_{tr} = L_{th1}(1.9 + t)^{-1.4}$ 作为过渡段照明亮度划分依据。在过渡段区域里，TR_1 与 TR_2、TR_2 与 TR_3 的过渡照明段亮度比例均按 3∶1 划分，如图 6-5 所示。

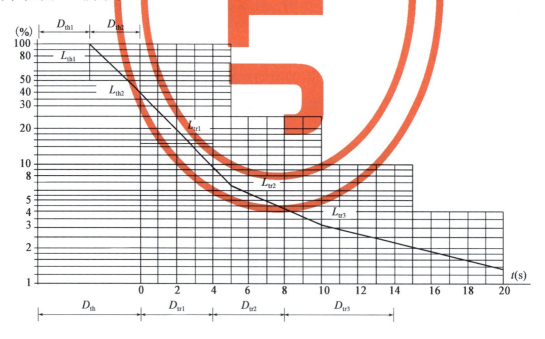

图 6-5 过渡段长度与相应亮度

6.3.3 各过渡段的长度基本上沿着 CIE 适应曲线分割。过渡段 TR_1、过渡段 TR_2 的长度均相当于 4s 内的行驶距离；过渡段 TR_3 的长度相当于 6s 内的行驶距离。

6.4 中间段照明

6.4.1 本条各参数借鉴了《欧盟隧道照明标准》（EURO STD 1997 版）和《日本隧道照明指针》（1990 版）的有关规定，并充分考虑了我国公路隧道运营实情和基于小目标物体发现距离的人体生物效应照明效果测试结果。设计速度为 120km/h 时的中间段亮度取值参照了《公路隧道和地下通道照明指南》（CIE 88—2004）和《照明设备—隧道照明》（CR14380：2003）的推荐值。

6.4.3 本条规定参照《公路隧道和地下通道照明指南》（CIE 88—2004）制定，当通过隧道的行车时间超过 135s 时，机动车驾驶员有充分的适应时间，故中间段第二照明段亮度可适当降低。

6.4.4 闪烁频率为设计速度与布灯间距之比。

6.5 出口段照明

6.5.1 在隧道出口附近，前车背后的小型车辆常难以发现、视认，容易发生事故。设置出口加强照明后，有助于消除这类问题，如图 6-6 所示。

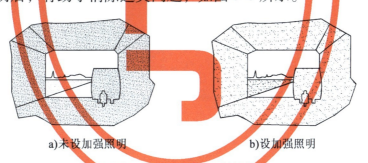

a) 未设加强照明　　　　b) 设加强照明

图 6-6 出口加强照明效果

《公路隧道和地下通道照明指南》（CIE 88—2004）推荐白天隧道出口段的亮度应线性增加，在隧道出口前的 20m 范围内，隧道内的亮度应由中间段亮度变化到 5 倍中间段亮度。根据这一建议，作出本规定。

6.6 紧急停车带和横通道照明

6.6.1 紧急停车带主要是为异常车辆提供检修维护的场所，需做一定的细致工作，其亮度和显色性与主洞的要求不同，故作出本规定。

6.6.2 横通道照明是为人员疏散逃生及救援提供必要的环境亮度。

6.7 应急照明和洞外引道照明

6.7.1 应急照明指在停电等特殊情况下所提供的临时照明。

6.7.3 2 当隧道处于无照明路段时，容易出现因洞内外亮度反差引起的视觉偏差，故规定适当设置洞外引道照明，以利于驾驶员提前察觉隧道状况或洞外道路状况。

6.8 照明控制

6.8.1 根据隧道机电设施配备情况，自动控制常采用下列三种控制方法：
（1）检测洞口内外亮度值，经计算处理后，控制照明工况。
（2）根据洞内外亮度、时间、交通量、平均车速、供电电压、天气条件等控制参数，并结合光源特性制订控制方案，控制照明工况。
（3）按时间区段预先编制程序，控制照明工况。
这些自动控制方式也常与手动控制方式相结合。

7 交通监控设施

7.1 一般规定

7.1.1 交通监测设施一般包括车辆检测器、视频事件检测器、摄像机及视频监视控制设备等；交通控制及诱导设施一般包括交通信号灯、车道指示器、可变信息标志、可变限速标志、交通区域控制单元等。

7.3 交通控制及诱导设施

7.3.3 2 车道指示器安装在车行道中心线的上方，指示本车行道是否准许车辆通行。

7.3.5 可变信息标志指能根据管理要求而改变显示内容的标志。

可变信息标志能根据隧道运行状况，自动或手动选择监控计算机已存储的情报显示信息内容，也能根据临时情况，显示监控计算机即时编辑的显示内容。可变信息标志能以图形、文字、符号等方式为驾驶员提供下列各种信息情报：
（1）气象及路面状况情报，包括雨、雪、雾、冰以及路面维护等；
（2）交通运行情报，包括交通拥挤、阻塞、交通事故及其发生地点；
（3）指示、警告、诱导信息等。

7.3.7 可变限速标志指根据隧道内实际交通运行状况和管理要求改变洞内车辆运行速度限制值的动态标志。可变限速标志多用于隧道入口或内部，能根据中央控制室指令改变内容。

在设计时，通常根据公路最高限制速度来选用二位或三位数字显示的可变限速标志。

7.3.9 交通区域控制单元主要用于集中收集、上传、下发各类信息，控制各类设备显示或动作。

交通区域控制单元一般由处理器单元、存储单元、通信单元构成，设置在区域控制器箱内，下端设备的数据送到区域控制单元经过处理，上传到中央控制室计算机。中央控制室计算机的命令、数据等送到区域控制单元，由区域控制单元下发到各个下端设备，由下端设备执行。

8 紧急呼叫设施

8.2 紧急电话设施

8.2.1 紧急电话设施由紧急电话控制器及外围设备、传输线路和紧急电话分机组成。紧急电话控制器及外围设备包括计算机、显示器、打印机、电话机、录音机及供电设备等；传输线路一般采用光缆、长途对称电缆或市话电缆；分机主要包括平衡网络、信号收发电路、语音收发电路和送受话器件。

紧急电话设施是隧道运营管理系统中的重要组成部分，主要为行驶在隧道口及隧道内的驾乘人员提供紧急呼叫之用。当发生交通事故或意外情况时，驾乘人员只要拿起紧急电话分机或按通话键便可以向中央控制室紧急电话台进行呼叫，报告事故情况。值班员经过确认后，组织调度救护车、排障车和事故有关人员前往现场进行救援、排障、疏通道路，减少事故损失。

PIARC 1983 年建议都市地区高交通量隧道每 50m 设一台，山区长隧道则每 300m 设一台；日本及法国均采用 200m 间隔设置标准；瑞士及德国以 150m 为设置标准；奥地利设置间距不大于 250m。我国目前通常采用 200m 间距标准。

8.3 隧道广播设施

8.3.1 隧道广播主要在隧道内阻塞、交通事故、火灾等情况下使用。当隧道内由于火灾或交通事故而发生交通阻塞，中央控制室组织灭火或指挥疏导车辆、治理混乱、抢救受伤人员时，值班操作员可通过广播向隧道内车辆进行喊话，传递信息，疏散导向。平时也能利用此系统灵活地传递公路养护施工状况或交通信息。

8.3.2 2 间距值 50m 为经验值。通常，扬声器间距根据扬声器灵敏度、功率来选择，以扬声器之间不发生干扰为原则。

9 火灾探测报警设施

9.2 报警区域和探测区域的划分

9.2.1 报警区域是指火灾自动报警系统的警戒范围按照防火分区划分的单元。

9.2.3 探测区域是指将报警区域按探测火灾的部位划分的单元。划分探测区域的目的是为迅速而准确地探测出被保护区内发生火灾的部位。

9.3 火灾探测器

9.3.3 火灾形成与发展的阶段分为前期、早期、中期及晚期四个阶段。各阶段特征不一，前期表现有一定的烟雾；早期烟量增加并出现火光；中期表现为火灾形成，火势上升很快；后期表现为火势扩散。根据近 20 年火灾探测器在我国公路隧道的应用情况和目前火灾探测器的技术发展，点型火焰探测器、线型感温火灾探测器、图像型火灾探测器都是有效的公路隧道火灾探测设备。

上述几种火灾探测器也是各国普遍采用的设备。而国内外研究试验结果及工程应用表明，每一种隧道火灾探测方式都有其局限性和不确定性，如点型火焰探测器及图像型火灾探测器的响应时间受车辆遮挡、浓烟、燃烧介质以及隧道污染物等影响，线型感温火灾探测器的响应时间受风速影响。鉴于隧道环境的复杂性，采用单一火灾探测方式均可能存在缓报或漏报的风险，为减少和避免可能出现的缓报或漏报情况，对特别重要隧道的火灾探测可以采用两种以上方式的组合。火灾报警系统设计时通常需要根据具体工程的交通组成、建设环境、经济水平等多因素综合考虑，确定系统方案。

9.3.4~9.3.6 这三条是根据近 20 年火灾探测器在我国公路隧道的应用情况制定的。本规范仅对单洞车行道为四车道及以下的隧道进行了规定，单洞车行道多于四车道的隧道，需专项研究火灾探测器的设置。

9.3.7 3 火灾探测器响应时间：指火灾探测器在规定的试验条件下，从模拟火灾发生瞬间起或从探测器环境温度达到预设报警条件起，到探测器信号反馈到火灾报警控制器止的时间间隔。

9.7 系统供电与通信要求

9.7.1 火灾自动探测报警系统是工程中的保安设备,其工作特点是不间断。为保证其供电可靠性,故作本条规定。

10 消防设施与通道

10.2 消防灭火设施

10.2.2 1 灭火器是对初起火灾进行灭火的重要器具，其特点为操作简单，价格低廉，对小规模火灾能起到一定的灭火作用。

隧道内的灭火器选用与建筑灭火器选用不同，建筑灭火器是在已知建筑物内可能产生火灾种类的情况下选用的，而对隧道来说，由于来往车辆使用的燃料及运载货物的不同，可能产生各种各样类型的火灾，因此，灭火器的适用范围是重要的考虑因素。灭火器一般按下列条件选用：

（1）针对隧道火灾的特点，对B类火灾的灭火能力要强，并能适应其他类型火灾。
（2）搬运、操作容易。
（3）不产生有害气体。
（4）灭火剂不易因温、湿度变化而变质，且存放期长。

故隧道内灭火器通常选用磷酸铵盐干粉灭火器，它能够适用于A、B、C类火灾及电气火灾。

灭火器充装量各国规定不一，美国规定不大于9.0kg，日本为6.0kg。考虑到我国成年人的身材及隧道火灾的特点，灭火器太重手提搬运不便，但太轻充装量少，喷射时间短，影响灭火效果，一般选择5.0~8.0kg。

2 灭火器的设置位置及设置间距是关系到灭火人员能否及时地取用灭火器，及时扑灭早期火灾的关键因素之一。本规范参考国内以往公路运营经验，对灭火器设置位置作出规定。

10.2.3 2 消火栓间距计算参照了《建筑设计防火规范》（GB 50016—2006）的方法。由于目前国内三车道、四车道大断面公路隧道的建设逐渐增多，故本规范按照《建筑设计防火规范》（GB 50016—2006）的计算方法及结果对大断面三车道、四车道公路隧道消火栓的间距作了规定。

3 隧道内消火栓要求与《建筑设计防火规范》（GB 50016—2006）室内消火栓要求一致。

5 由于消防人员在狭窄的空间内灭火需一定的安全距离，故规定充实水柱长度不应小于10m。

6 当消火栓栓口出水压力大于0.5MPa时，水枪难以一人操作，因此应设减压装置。

10.2.4 3%型水成膜泡沫液为常用水成膜泡沫液。泡沫灭火装置可弥补灭火器喷射时间较短的缺点,增强行车人员对于初期汽油类流淌火灾的自救扑灭能力。

10.2.6 隧道火灾延续时间是决定一次消防用水量大小的主要因素之一,本规范参考《建筑设计防火规范》(GB 50016—2006)中有关建筑及城市隧道的火灾延续时间取值及公路隧道火灾实际扑救历时情况,确定了隧道的设计火灾延续时间,从而对隧道消防用水量作出规定。

10.2.7 1 当地形可利用时,将消防水池设于高处,利用重力流供水,供水较为可靠,且与用泵加压相比,运行费用及维护工作量均较低。

4 因隧道内有时会动用消防给水系统对隧道内进行冲洗,故消防水池内设计容量除应考虑一次消防用水量外,还应考虑一定的冲洗调节水量。

6 消防水池设置水位遥测装置的目的是使值班人员能随时直接观察到水池水位情况,避免由于管道、水池漏水、阀门失灵而造成水池无水或水池溢水的现象。

10.2.9 由于隧道洞口外消防取水不会受洞内火灾影响,当洞内消防供水难以实现时,可直接由室外消火栓(或再通过消防车)向洞内供给消防用水。

10.2.10 通风竖井的联络风道口通常采用安装水喷淋头等方法,来对火灾时热空气降温,以保证通风机的正常运转。

10.3 通道

10.3.5 3 人行横通道两端设置防火门可帮助克服不利风压,使火灾时防火门易于开启。

10.3.6 1 车行横通道因通道口与主隧道车行通道存在交叉,过大纵坡不利于使用。最大纵坡取值参照了《公路路线设计规范》(JTG D20—2006)中低速条件下纵坡的规定。

2 车行横通道洞口设置防火卷帘的目的,主要是在正常情况下防止汽车从横通道驶入另一分离隧道,同时用于防烟。

10.3.8~10.3.9 公路隧道中,防火门、防火卷帘保持两隧道间的人行、车行横通道的隔断,无论对正常运营通风还是火灾情况下的逃生疏散与救援都至关重要。正常情况下,人行、车行横通道门保持关闭状态;火灾情况下,能承受持续高温并保持其完整性以防止高温烟气进入正常隧道。防火门及防火卷帘的耐火性能主要是根据目前国内部分特长高速公路隧道火灾车辆持续燃烧时间超过了2h确定的。

11 供配电设施

11.1 一般规定

11.1.1 供电系统设计内容主要包括确定隧道电力负荷的级别、供电电源的供电方式、电压等级、电能质量、变配电所的选址和设置及变压器和柴油发电机组选择等。配电系统设计内容主要包括确定低压配电系统的配电方案，确定配电回路的保护方式、导线的型号、规格及敷设方式，确定高低压配电系统的防雷、接地及安全保护措施，确定应急电源设备、电力监控系统以及变配电所相关技术要求等。

11.2 供电设施

11.2.1 根据负荷等级，选择适当的供电方式，可以提高投资的经济效益与社会效益。

排烟风机指为排烟需要而设置的隧道风机，作用是控制烟雾扩散，并将滞留在洞内的烟雾及时排出洞外，保障安全，所以该部分风机列为一级负荷。

隧道消防常高压系统中高低位水池用的补水泵主要功能是日常为高低位水池间断性补水，基本不参与消防灭火时工作，因而将其列为二级负荷。

11.2.2 1 隧道供电系统中，两个电源可一用一备，还可同时工作，各供一部分负荷。

2 本款对隧道一级负荷中特别重要负荷的供电要求作了规定。近年来供电系统的运行实践经验证明，从电力网引接两回路电源进线加备用自投的供电方式，不能满足一级负荷中特别重要负荷对供电可靠性及连续性的要求。有的发生全部停电事故是由内部故障引起，有的是由电力网故障引起，因地区大电力网在主网电压上部是并网的，所以用电部门无论从电网取几回电源进线，也很难得到严格意义上的两个独立电源。因此，电力网的各种故障，可能引起全部电源进线同时失去电源，造成停电事故。因此，一级负荷中特别重要的负荷要由与电网不并列的、独立的应急电源供电。

为了保证对一级负荷中特别重要负荷的供电可靠性，需尽量减少应急电源的负荷，所以不得将其他负荷接入应急电源系统。

特别重要负荷常采用静态交流不间断电源装置作为应急电源。

3 对于隧道中的二级负荷，因其停电影响还是比较大的，故宜由两回路线路供电。

在负荷较小或地区供电条件困难时，二级负荷常由一回专用的架空线路或电缆供电，有条件时的一种做法是电线缆路采用两根电缆组成的线路供电，每根电缆都能承受100%的二级负荷。

11.2.3 1 目前我国公用电力系统城市配电网电压等级一般采用110kV、35kV、10(20)kV和0.38kV。根据多年使用经验看，公路隧道采用10kV配电电压可以节约有色金属，减少电能损耗和电压损失等，故隧道的最高一级的配电电压宜采用10kV。当城市配电网至隧道用电点间电能输送距离过长，采用10kV电压进行电能输送不能满足隧道用电设备电能质量要求时，或长大隧道采用轴流风机通风，隧道用电量较大，10kV高压保护选择困难时，也可经过技术经济比较选用其他电压等级。

2 根据简化电压等级、减少变压层次、优化网络结构的原则，规定了10kV系统配电级数不宜多于两级。如果供电系统接线复杂，配电层次过多，不仅管理不便，操作复杂，而且由于串联元件过多，因元件故障和操作错误而产生事故的可能性也随之增加。正常情况下10kV电力系统容许继电保护的时限级数也限于两级。

3 由于电网各点的电压水平高低不一，合理选择变压器的变压比和电压分接头，即可将供配电系统的电压调整在合理的水平上。

11.2.4 多个工程经验表明，单端供电的隧道其长度超过1.0km，两端供电的隧道其长度超过3km时，洞内小负荷需大截面电缆供电的问题便相当突出。此时，需在隧道口或洞内再增设变配电所，才能解决上述问题。

经过对大量隧道变电所设置的技术经济比较，1.0km及以下的隧道单端设一座变配电所，1.0~1.5km的隧道两端分别设置一座配变电所和一座户外箱式变电站，1.5~3km的隧道两端各设一座变配电所，3km以上的长隧道视具体情况在洞中再增设若干个变配电所的变电所设置方案是在全寿命周期内综合费用（初期投资费用和运营损耗费用）较低的方案。

11.2.5 1 非晶合金变压器在减少空载损耗方面有其特殊的优越性。非晶合金铁芯变压器比硅钢片铁芯变压器的空载损耗下降70%~80%，空载电流可下降80%。不仅使用过程节能，整个产品加工过程也能大量节约能源，其节能、环保优势明显。

D,yn11接线组别，其三次及以上高次谐波激磁电流可在原边环流，限制了三次及以上高次谐波，降低了零序阻抗，有利于单向短路故障的切除，方便了变压器低压侧总开关的选择、整定，提高了供电可靠性。另外，当接单相不平衡负荷时，Y,Yno接线变压器要求中性线电流不超过低压绕阻额定电流的25%，严重限制了接用单相负荷的容量，势必影响变压器设备能力的充分利用。因而在TN及TT系统接地形式的低压电网中，宜采用D,yn11接线组别的三相配电变压器。

2 虽然变压器采取了强冷措施后可允许适当过载运行，但变压器在此情况下运行是不经济的。长期工作负载率应考虑经济运行，不宜大于85%。

3 隧道主要的电力负荷为照明及通风机,当隧道长,通风机台数较多、容量接近或超过照明负荷容量时,为了避免通风机启动时对照明系统的冲击,保证照明系统供电电压的稳定,延长灯泡使用寿命,可设照明专用变压器。

4 单台容量大于1 250kVA的配电变压器,供电半径大,电能损耗大,一般不推荐使用。户外箱式变电站体积小,散热难,单台变压器容量过大不利于设备寿命和系统可靠性,所以规定不宜大于800kVA。

11.2.6 1 根据目前国内外发展趋势,柴油发电机组基本上已向高速型转化,此种机组具有体积小、重量轻、启动运行可靠等优点,已广泛应用于民用建筑领域。

无刷励磁交流同步发电机能适应各种运行方式,易于实现机组自动化或对发电机组的遥控。

11.3 配电设施

11.3.1 隧道内烟雾、粉尘多,环境较恶劣,隧道内配电设施的选择除应满足基本功能要求外,还应具有必要的防水、防尘性能。

11.3.2 1 隧道各类电力负荷根据性质、功能的不同各自设置单独的配电回路,有利于各类负荷的正常供电及日后的维护、管理。

4 隧道运营后需经常维护和养护,故隧道内宜设置维护和养护设备的供电回路及相应的配电装置。由于这些设备往往由人工操作使用,环境又可能充满粉尘、油污且潮湿,若设备在使用过程中出现漏电,将直接危害养护人员的人身安全,故隧道内供维修和养护作业用的配电回路应在末端设置漏电开关。

5 为使用电设备正常运行和有合理的使用寿命,通常在设计供配电系统时要验算用电设备对电压偏差的要求。隧道的主要用电负荷为照明及通风。本款中规定的电压偏差值系根据《建筑照明设计标准》(GB 50034—2004)、《控制电机基本技术要求》(GB/T 7345—2008)进行规定。

11.4 应急电源

11.4.1 3 当不间断电源超载或检修时,电源可经旁路开关向负荷供电。

11.4.2 1 EPS电源装置适用于阻性、感性负载和混合型负载,能适应各种工作环境。一般EPS功率较大,机内的逆变器处于备用状态,自身能耗较小,可以说EPS应急电源装置是以防范重大灾难事故为主要目的,比较适应隧道应急照明和消防水泵负载的应急电源保障工作。

3 试验结果表明,当EPS电源装置的应急切换时间不超过0.2s时,可满足隧道内对切换时间要求较高的气体放电类灯具的要求。

11.5 电力监控系统

11.5.3 常用的电力监控系统按中控级、站控级、间隔级三级配置原则进行设置。通常，中控级设备包括一套总级监控系统，设置在隧道管理所；站控级设备包括一套站级监控系统，设置在隧道配变电所；间隔级设备按不同电压等级和电气单元划分，分散设置在各高低压开关柜和其他电气设备内。

11.6 配变电所及发电机房

11.6.9 除湿措施可为设置除湿机，或为电气装置加装除湿器，或根据需要设置通风系统或空调装置等。

12 中央控制管理系统

12.3 系统功能与控制方式

12.3.2 多级控制方式一般适用于长隧道，监控设备较多，传输信息量较大的情况。通常将隧道分成若干个区域，每个区域在设备布设较集中的地方配一台区域控制单元，每个区域控制单元均挂在和控制中心相连的总线上，区域内的外场设备监测到的信息先传送给区域控制单元，区域控制单元将各种检测器信号预处理后再传送到中央控制室，中央控制室计算机将收集到的经过预处理的数据进行进一步分析处理，形成所需信息，然后向区域控制单元发出各种控制命令，来驱动各控制设备。此种方式的优点是提高了通信传输效率，对中央控制室计算机及通信系统的可靠性要求不是很高，在中央控制室计算机或通信系统故障时，区域控制单元可继续工作，各区域内的设备可在区域控制单元的控制和管理下能继续工作，保证小系统范围内正常发挥作用。

集中控制方式通过外场终端设备实时、直接地向控制室传送数据，由中央控制室计算机集中分析、处理收集到的数据，然后由计算机直接向隧道内的控制设备发送命令。这种控制方式的优点是中央控制室的工作人员能随时了解现场的实时情况，缺点是对中央控制室计算机的功能要求较高，对通信系统的可靠性要求也很高，中央控制室计算机或通信控制器、通信线路故障时会造成整个系统的瘫痪，可靠性较差，另外中心控制计算机处理的信息量也较大。此种控制方式一般适用于短隧道，短隧道所需控制设备少，传输信息量不大。

公路隧道监控的控制方式选择通常要根据具体的隧道及外场终端设备的位置、数量多少、交通量大小、需传输的信息量等诸因素综合考虑。对于所需控制设备较多、传输信息量较大的隧道或隧道群，常选用"区域集中、预先处理、中心决策"的多级控制方式。

12.4 中央控制室设施

12.4.5 1 基本工作信息主要包括10kV/400V主要回路电压、电流、有功功率、无功功率、功率因数、频率及UPS运行参数；设施状态信息主要包括10kV进出线开关状态、400V出线开关状态、变压器出线总开关状态、变压器熔丝熔断信号、断路器运行状态及故障报警信息等。

2 电力监控计算机发送的控制信息主要包括对断路器、电动开关和接触器的远距离合分闸操作、对故障报警信号的复位操作信息。

12.4.10 信息显示设备一般包括监视器、地图板等。常用的显示内容及方式见表12-1。

表12-1 信息显示设备显示内容及方式

静态显示	整个隧道的图形（包括紧急停车带、横通道、洞口联络通道等）及各种设备的位置		
动态显示	火灾报警信号		红闪
	CO浓度（cm^3/m^3）		以三位数字显示某一检测点的CO浓度值
	NO_2浓度（cm^3/m^3）		以三位数字显示某一检测点的NO_2浓度值
	能见度（m）		以四位数字显示检测点的能见度值
	风速、风向（m/s）		用两位数字表示风速值
	交通参数	交通量（veh/min）	以三位数字显示每一隧道内每车道车辆数，每采样周期更新一次
		车速（km/h）	以三位数字显示每车道车辆的平均速度
		占有率（%）	以两位数字显示隧道内每一车道的占有率
		车流方向	用箭头显示车辆是正向还是逆向行驶
		交通状况	可用绿、黄、红三种色带表示交通正常、拥挤、阻塞状况
	交通信号	交通信号灯	闪灯表示提醒驾驶员即将进入隧道，绿灯表示允许通行，红灯表示隧道关闭
		车道指示器	×（红）表示该车道关闭，↑（绿）表示该车道允许通行
	可变限速标志信息		
	可变信息标志信息		
	设备工作状态		
	监控图像		
	日期、时间、天气		

12.5 中央控制管理软件

12.5.2 1 应用软件是专为隧道监控系统研制的专用软件，借助于该软件可以完成特定的监控功能，如交通数据采集及处理等。一般来说，中央控制室应用软件具有的各主要功能如下：

（1）信息采集

系统接收隧道检测设施送来的检测数据（交通量、速度、CO浓度值、NO_2浓度值、能见度值、亮度值等）以及电视监视系统、彩色图形显示器、火灾报警装置、紧急电话系统等传来的信息，通过用户接口将事故情报输入计算机。事故输入可分为以下几类：

①重大灾害性事件：如火灾、塌方、人员伤亡的交通事故；

②一般事件：一般交通事故、交通阻滞等；

③日常事件：道路维修、设备维护等。

（2）数据处理

①执行火灾报警信号的数据处理（信息由中央控制室火灾报警计算机输入）；

②执行CO浓度、NO_2浓度、能见度、风速风向检测数据的处理，并进行检测数据的越限报警；

③执行光强检测数据的处理；

④执行车辆检测器检测信号的处理，比如在交通量较大的隧道，通过软件自动判别交通异常；

⑤执行报警信号的数据处理。

（3）控制方案执行

系统一般有自动控制和人工干预控制两种方式。正常情况下，系统处于自动控制状态。在紧急情况下，中央控制室计算机可一方面向值班操作人员报警，一方面迅速中断正常程序，进入紧急处理程序，准备好相应的控制指令，待值班操作人员综合电视监视信息、紧急电话信息、巡逻车等报警信息确认后执行，从而完成实时控制。在多级控制系统中，中央控制室计算机首先向区域控制器发布命令，使其执行预先存储在机内的有关控制方案，来完成有关控制。在此要特别指出，控制方案是综合方案，每一个控制方案不是单一的一个子系统的动作，要全面考虑隧道内交通、火警、环境监测值等各种情况后形成几个子系统的联合协调动作，即通信、照明、交通监控与诱导等几个子系统同时根据现场情况一起做出反应动作，以保证最佳效果。

（4）信息显示

软件控制设在中央控制室的地图板、电视监视器、彩色图形显示器实时显示隧道内外交通运行情况、交通事故、火灾现场等各种监控信息、图表及设备的工作状态，进行图像监视。

（5）统计查询和报表生成

软件能进行统计、查询，并能打印出所需各类报表和资料，报表以中文制成。制成的报表应包括下列内容：

①交通流信息报表，1min、15min、1h、日、周、月、年的交通量、车速、占有率、车行方向及日期；

②通风控制方案及操作方式报表，CO浓度、NO_2浓度、能见度、风速曲线等；

③各种事故、事件、火灾信息报表；

④操作命令；

⑤设备工作状态。

（6）数据档案存储

软件完成系统每日的备份及重要文件的存档（使用硬盘、光盘或数据流带），包括重要事件、操作、设备状态变化等的记录，并带有时间标记，以便在需要时可以复制每日的数据或调出历史数据进行各种分析工作。

每一事件的详细情况，如时间、地点、气象条件、事故类型、持续时间、值班人员姓名均需记录在案，所采取的措施、处理方法也同时输入计算机。

(7) 设备监测

中央管理系统不间断地定时检测系统内各设备的工作状态（包括中央控制室设备以及外场各终端设备）发现非正常运行时，设备监测程序通过用户接口向操作员发出信息。常见故障和异常有：非正常数据（所传数据大大偏离正常值）、执行单元不显示、无确认信号、通信故障等。

12.5.3 原始数据包括：

(1) 信息采集模块采集的检测数据，如交通量、速度、CO 浓度值、NO_2 浓度值、能见度值和光强值等数据；

(2) 火灾报警设施、紧急电话设施等传来的数据信息、报警记录信息、处理记录；

(3) 重大灾害性事件，如火灾、塌方、人员伤亡的交通事故；

(4) 一般事件，如一般交通事故、交通阻滞等；

(5) 日常事件，如道路维修、设备维护等。

统计数据指在运行管理工作中产生的各种统计报表，如班次报表、日报表、旬报表、月报表和年报表等。

13 接地与防雷设施

13.3 防雷设施

13.3.2 电源防雷器的分级与《建筑物电子信息系统防雷技术规范》(GB 50343—2012) 的规定一致。

13.3.3 3 确定电源 SPD 电压保护水平的一般方法是,最大钳压(U_p)加上其两端引线的感应电压(U_L)应与所属系统的基本绝缘水平和设备允许的最大电涌电压相一致,即:$U_p + U_L \leq$ 设备耐冲击过电压值。

当无法获得设备耐冲击过电压值时,220/380V 三相配电系统的设备耐冲击过电压值常按表 13-1 选用。

表 13-1 设备耐冲击过电压值 (kV)

设 备	电源处的设备	配电线路和最后分支线路的设备	普通用电设备	特殊需要保护的设备
耐冲击过电压值	6	4	2.5	1.5

14 线缆及相关设施

14.2 桥架、支架、线槽

14.2.3 采用编织铜带跨接的目的是保证在经过较长时间以后电缆桥架、线槽的接地性能不至于变差。若桥架上敷设有通长的镀锌接地扁钢且扁钢以焊接方式连接，则不必再使用编织铜带跨接。

14.4 线缆选型及敷设

14.4.1 本条规定的目的是在隧道发生火灾时保证部分重要设备正常工作的时间。

14.4.6 毁损的原因有车辆事故、盗窃毁损等，其中主要是盗窃毁损。

公路工程现行标准、规范、规程、指南一览表

(2015年3月版)

序号	类别	编 号	书名(书号)	定价(元)
1	基础	JTG A02—2013	公路工程行业标准制修订管理导则(10544)	15.00
2		JTG A04—2013	公路工程标准编写导则(10538)	20.00
3		JTJ 002—87	公路工程名词术语(0346)	22.00
4		JTJ 003—86	公路自然区划标准(0348)	16.00
5		JTG B01—2014	公路工程技术标准(活页夹版,11814)	98.00
6		JTG B01—2014	公路工程技术标准(平装版,11829)	68.00
7		JTG B02—2013	公路工程抗震规范(11120)	45.00
8		JTG/T B02-01—2008	公路桥梁抗震设计细则(1228)	35.00
9		JTG B03—2006	公路建设项目环境影响评价规范(0927)	26.00
10		JTG B04—2010	公路环境保护设计规范(08473)	28.00
11		JTG/T B05—2004	公路项目安全性评价指南(0784)	18.00
12		JTG B05-01—2013	公路护栏安全性能评价标准(10992)	30.00
13		JTG B06—2007	公路工程基本建设项目概算预算编制办法(06903)	26.00
14		JTG/T B06-01—2007	★公路工程概算定额(06901)	110.00
15		JTG/T B06-02—2007	★公路工程预算定额(06902)	138.00
16		JTG/T B06-03—2007	★公路工程机械台班费用定额(06900)	24.00
17		交通部定额站2009版	公路工程施工定额(07864)	78.00
18		JTG/T B07-01—2006	公路工程混凝土结构防腐蚀技术规范(0973)	16.00
19		交通部2007年第30号	国家高速公路网相关标志更换工作实施技术指南(1124)	58.00
20		交通部2007年第35号	收费公路联网收费技术要求(1126)	62.00
21		JTG B10-01—2014	公路电子不停车收费联网运营和服务规范(11566)	30.00
22		交通运输部2011年	公路工程项目建设用地指标(09402)	36.00
23	勘测	JTG C10—2007	★公路勘测规范(06570)	28.00
24		JTG/T C10—2007	★公路勘测细则(06572)	42.00
25		JTG C20—2011	公路工程地质勘察规范(09507)	65.00
26		JTG/T C21-01—2005	公路工程地质遥感勘察规范(0839)	17.00
27		JTG/T C21-02—2014	公路工程卫星图像测绘技术规程(11540)	25.00
28		JTG/T C22—2009	公路工程物探规程(1311)	28.00
29		JTG C30—2015	公路工程水文勘测设计规范(12063)	70.00
30	设计	公路	JTG D20—2006	★公路路线设计规范(0996)	38.00
31			JTG/T D21—2014	公路立体交叉设计细则(11761)	60.00
32			JTG D30—2004	公路路基设计规范(05326)	48.00
33			JTG/T D31—2008	沙漠地区公路设计与施工指南(1206)	32.00
34			JTG/T D31-02—2013	公路软土地基路堤设计与施工技术细则(10449)	40.00
35			JTG/T D31-03—2011	★采空区公路设计与施工技术细则(09181)	40.00
36			JTG/T D31-04—2012	多年冻土地区公路设计与施工技术细则(10260)	40.00
37			JTG/T D32—2012	公路土工合成材料应用技术规范(09908)	42.00
38			JTG D40—2011	★公路水泥混凝土路面设计规范(09463)	40.00
39			JTG D50—2006	★公路沥青路面设计规范(06248)	36.00
40			JTG/T D33—2012	公路排水设计规范(10337)	40.00
41		桥隧	JTG D60—2004	公路桥涵设计通用规范(05068)	24.00
42			JTG/T D60-01—2004	公路桥梁抗风设计规范(0814)	28.00
43			JTG D61—2005	公路圬工桥涵设计规范(0887)	19.00
44			JTG D62—2004	公路钢筋混凝土及预应力混凝土桥涵设计规范(05052)	48.00
45			JTG D63—2007	公路桥涵地基与基础设计规范(06892)	48.00
46			JTJ 025—86	公路桥涵钢结构及木结构设计规范(0176)	20.00
47			JTG/T D65-01—2007	公路斜拉桥设计细则(1125)	28.00
48			JTG/T D65-04—2007	公路涵洞设计细则(06628)	26.00
49			JTG D70—2004	公路隧道设计规范(05180)	50.00
50			JTG/T D70—2010	★公路隧道设计细则(08478)	66.00
51			JTG D70/2—2014	公路隧道设计规范 第二册 交通工程与附属设施(11543)	50.00
52			JTG/T D70/2-01—2014	公路隧道照明设计细则(11541)	35.00
53			JTG/T D70/2-02—2014	公路隧道通风设计细则(11546)	70.00
54		交通工程	JTG D80—2006	高速公路交通工程及沿线设施设计通用规范(0998)	25.00
55			JTG D81—2006	★公路交通安全设施设计规范(0977)	25.00
56			JTG/T D81—2006	★公路交通安全设施设计细则(0997)	35.00
57			JTG D82—2009	公路交通标志和标线设置规范(07947)	116.00
58		综合	交公路发〔2007〕358号	公路工程基本建设项目设计文件编制办法(06746)	26.00
59			交公路发〔2007〕358号	公路工程基本建设项目设计文件图表示例(06770)	600.00

续上表

序号	类别	编号	书名(书号)	定价(元)
60	检测	JTG E20—2011	公路工程沥青及沥青混合料试验规程(09468)	106.00
61		JTG E30—2005	公路工程水泥及水泥混凝土试验规程(0830)	32.00
62		JTG E40—2007	★公路土工试验规程(06794)	79.00
63		JTG E41—2005	公路工程岩石试验规程(0828)	18.00
64		JTG E42—2005	公路工程集料试验规程(0829)	30.00
65		JTG E50—2006	★公路工程土工合成材料试验规程(0982)	28.00
66		JTG E51—2009	公路工程无机结合料稳定材料试验规程(08046)	48.00
67		JTG E60—2008	公路路基路面现场测试规程(07296)	38.00
68		JTG/T E61—2014	公路路面技术状况自动化检测规程(11830)	25.00
69	施工 公路	JTG F10—2006	公路路基施工技术规范(06221)	40.00
70		JTJ 034—2000	公路路面基层施工技术规范(0431)	20.00
71		JTG/T F30—2014	公路水泥混凝土路面施工技术细则(11244)	60.00
72		JTG/T F31—2014	公路水泥混凝土路面再生利用技术细则(11360)	30.00
73		JTG F40—2004	公路沥青路面施工技术规范(05328)	38.00
74		JTG F41—2008	公路沥青路面再生技术规范(07105)	25.00
75	桥隧	JTG/T F50—2011	★公路桥涵施工技术规范(09224)	110.00
76		JTG/T F81-01—2004	公路工程基桩动测技术规程(0783)	20.00
77		JTG F60—2009	公路隧道施工技术规范(07992)	42.00
78		JTG/T F60—2009	公路隧道施工技术细则(07991)	58.00
79	交通	JTG F71—2006	★公路交通安全设施施工技术规范(0976)	20.00
80		JTG/T F72—2011	公路隧道交通工程与附属设施施工技术规范(09509)	35.00
81	质检安全	JTG F80/1—2004	公路工程质量检验评定标准 第一册 土建工程(05327)	46.00
82		JTG F80/2—2004	公路工程质量检验评定标准 第二册 机电工程(05325)	26.00
83		JTG G10—2006	公路工程施工监理规范(06267)	20.00
84		JTJ 076—95	公路工程施工安全技术规程(0049)	12.00
85	养护管理	JTG H10—2009	公路养护技术规范(08071)	49.00
86		JTJ 073.1—2001	公路水泥混凝土路面养护技术规范(0520)	12.00
87		JTJ 073.2—2001	公路沥青路面养护技术规范(0551)	13.00
88		JTG H11—2004	公路桥涵养护规范(05025)	30.00
89		JTG H12—2015	公路隧道养护技术规范(12062)	60.00
90		JTG H20—2007	公路技术状况评定标准(1140)	15.00
91		JTG/T H21—2011	★公路桥梁技术状况评定标准(09324)	46.00
92		JTG H30—2004	公路养护安全作业规程(05154)	36.00
93		JTG H40—2002	公路养护工程预算编制导则(0641)	9.00
94	加固设计与施工	JTG/T J21—2011	公路桥梁承载能力检测评定规程(09480)	20.00
95		JTG/T J22—2008	公路桥梁加固设计规范(07380)	52.00
96		JTG/T J23—2008	公路桥梁加固施工技术规范(07378)	30.00
97	改扩建	JTG/T L11—2014	高速公路改扩建设计细则(11998)	45.00
98		JTG/T L80—2014	高速公路改扩建交通工程及沿线设施设计细则(11999)	30.00
99	造价	JTG M20—2011	公路工程基本建设项目投资估算编制办法(09557)	30.00
100		JTG/T M21—2011	公路工程估算指标(09531)	110.00
1	技术指南	交公便字〔2006〕02号	公路工程水泥混凝土外加剂与掺合料应用技术指南(0925)	50.00
2		交公便字〔2006〕02号	公路工程抗冻设计与施工技术指南(0926)	26.00
3		厅公路字〔2006〕418号	公路安全保障工程实施技术指南(1034)	40.00
4		交公便字〔2009〕145号	公路交通标志和标线设置手册(07990)	165.00

注：JTG——公路工程行业标准体系；JTG/T——公路工程行业推荐性标准体系；JTJ——仍在执行的公路工程原行业标准体系。

批发业务电话：010-59757973；零售业务电话：010-85285659(北京)；网上书店电话：010-59757908；业务咨询电话：010-85285922。带"★"的表示有勘误，详见中国交通运输标准服务平台 www.yuetong.cn/bzfw。